ERSTE AUSGABE - Veröffentlicht 2022

Extra Grafikmaterial von: www.freepik.com
Dank an: Alekksall, Starline, Pch.vector, Rawpixel.com, Vectorpocket, Dgim-studio, Upklyak, Macrovector, Stockgiu, Pikisuperstar & Freepik.com Designers

Kostenlose Online-Spiele Entdecken

Hier Erhältlich:

BestActivityBooks.com/FREEGAMES

5 TIPPS FÜR DEN ANFANG!

1) LÖSUNG DER RÄTSEL

Die Puzzles haben ein klassisches Format :

- Die Wörter sind ohne Abstand, Bindetrich usw… versteckt
- Richtung : vor-& rückwärts, auf & ab oder in der Diagonale (beider Richtungen)
- Die Wörter können übereinanderliegen oder sich kreuzen

2) AKTIVES LERNEN

Neben jedem Wort ist ein Abstand vorgesehen zum Aufschreiben der Übersetzung. Um ihre Kenntnisse zu überprüfen und zu erweitern befindet sich am Ende des Buches ein **WÖRTERBUCH**. Suchen sie die Übersetzungen, schreiben sie sie auf, dann können sie sie in den. Puzzles suchen und ihrem Wortschatz hinzufügen.

3) ANZEICHNUNG DER WÖRTER

Haben sie schon einmal versucht eine Anzeichnung zu verwenden? Sie könnten zum Beispiel die Wörter, die schwer zu finden sind, ankreuzen, die Wörter, die sie lieben, mit einem Stern, neue Wörter mit einem Dreieck, seltene Wörter mit einem Diamant usw … anzeichnen

4) IHR LERNEN ORGANISIEREN

Am Ende dieser Ausgabe bieten wir auch ein praktisches **NOTIZBUCH** an. Ob im Urlaub, auf Reisen oder zu Hause, sie können ihr neues Wissen ganz einfach organisieren, ohne ein zweites Notizbuch zu benötigen!

5) SIND SIE AM SCHLUSS ?

Gehen sie zum Bonusbereich : **MONSTER-HERAUSFÖRDERUNG,** um ein kostenloses Spiel zu finden, das am Ende dieser Ausgabe angeboten wird !

Lust auf mehr Spaß und **Lernaktivitäten? Schnell und einfach :** eine ganze Spielbuchsammlung mit einem einzigen Klick erhaltbar :

Mit diesem Link finden sie ihre nächste Herausforderung :

BestActivityBooks.com/MeineNachsteWortsuche

Achtung, fertig, ... Los !!

Wussten sie, dass es auf der Welt ungefähr 7.000 verschiedene Sprachen gibt ? Wörter sind kostbar.

Wie lieben Sprachen und haben schwer daran gearbeitet, die Bücher von höchster Qualität für sie zu entwerfen. Unsere Zutaten ?

Eine Auswahl von angepassten Lernthemen, drei große Scheiben Spaß, dann fügen wir einen Löffel schwieriger Wörter und eine Prise seltener Wörter hinzu. Wir servieren sie mit Sorgfalt und ein Maximum an Freude, damit sie die besten Wortspiele lösen und Spaß am Lernen haben.

Ihre Meinung ist wichtig. Sie können aktiv zum Erfolg dieses Buches beitragen, indem sie uns eine Bemerkung hinterlassen. Sagen sie uns, was ihnen an dieser Ausgabe am besten gefallen hat !!

Hier ist ein kurzer Link, der sie zu ihrer Bewertungsseite führt

BestBooksActivity.com/Rezension50

Vielen Dank für ihre Hilfe und viel Spaß

Linguas Classics

1 - Ozean

```
S S F X V U J V H O E J U W
A K H I L L F B V M P Z L N
L I Q Ø S T E R S V A M P T
T L U V T K H A J B G X D I
D D Z G O N R X I M Q H J U
Z P C X R T J A P J K Z K T
V A N D M A N D B V Z I H I
M D B B Ø L G E R B T U N D
R D Z W Y N P L V L E H S E
C E M B Å D J F S X N X C V
X R J L L E J I K O R A L A
R R P E J Y F N K P A M Q N
E S R N Q L N R O H V A L D
V L B L Æ K S P R U T T E G
```

ÅL   BLÆKSPRUTTE
ØSTERS   VANDMAND
BÅD   REV
DELFIN   SALT
FISK   SKILDPADDE
REJE   SVAMP
TIDEVAND   STORM
HAJ   TUN
KORAL   HVAL
KRABBE   BØLGER

2 - Schule #1

```
M O P Q U I Z F C A C T C B
A A T F B S L Æ R E R T K I
Q E P Q Ø T G R H O S S L B
M K P P G O O S E F K J A L
A S N K E L H G K L R O S I
T A O Y R R A B F G I V S O
E M P E N N E P P E V C E T
M E M A H I S V A R E B V E
A N O U P V O E U W B L Æ K
T P Q D N I K N A N O Y R X
I B G C U F R N V H R A E H
K V K Z H D F E K C D N L E
A L F A B E T R K C R T S H
Y E P B R O J C H W L C E D
```

ALFABET   FROKOST
SVAR   MAPPER
BIBLIOTEK   PAPIR
BLYANT   EKSAMEN
BØGER   QUIZ
VENNER   SKRIVEBORD
KLASSEVÆRELSE SJOV
LÆRER   PENNE
MATEMATIK   STOL

3 - Meditation

```
O  Q  Z  R  G  V  D  P  N  X  T  V  C  C
P  Z  B  A  C  C  E  P  T  A  C  Q  X  G
M  U  S  I  K  P  T  N  K  G  T  N  X  R
Æ  M  E  N  T  A  L  P  L  Y  N  U  F  Q
R  L  V  Å  G  E  N  E  A  I  S  T  R  X
K  B  Y  R  E  A  Q  R  R  R  G  C  E  K
S  Z  Z  K  O  X  J  S  H  S  P  H  D  R
O  Y  D  G  K  W  W  P  E  T  O  P  E  U
M  T  U  K  E  D  E  D  I  F  A  L  D
H  T  A  N  K  E  R  K  O  L  O  C  H  U
E  A  Q  O  Y  L  Y  T  R  H  N  P  D  S
D  L  D  W  R  O  L  I  G  E  A  X  H  I
I  N  D  S  I  G  T  V  S  D  I  T  N  N
M  E  D  F  Ø  L  E  L  S  E  L  T  E  D
```

ACCEPT	MEDFØLELSE
OPMÆRKSOMHED	MUSIK
INDSIGT	NATUR
VENLIGHED	PERSPEKTIV
FRED	ROLIG
TANKER	STILHED
MENTAL	SIND
LYKKE	VÅGEN
KLARHED	

4 - Meisterschaft

```
V Q L S K J G T S F T U I O
X Q N H P F H R V I H D D M
V Q S M N I O Æ E N B H T M
P S L G O F L N D A U O A U
Y Z Z L I C D E F L V L S V
Z D K F F P A R P I C D T N
F M E D A L J E E S H E R Q
S E X E Y E S O N T A N A Y
R E O A V M T P J L M H T L
S X J I Q N M N I R P E E I
F H J R A D E M A I I D G G
G Q M O T I V A T I O N I A
M E S T E R S K A B N U Q I
D O M M E R S P O R T J T N
```

UDHOLDENHED	YDEEVNE
CHAMPION	DOMMER
FINALIST	SVED
LIGA	SEJR
HOLD	SPIL
MEDALJE	SPORT
MESTERSKAB	STRATEGI
MOTIVATION	TRÆNER

5 - Insekten

```
G  K  C  I  C  A  D  A  W  E  D  M  Z  B
D  R  A  J  N  S  Z  M  Y  R  E  A  O  L
Y  D  Æ  K  M  Y  G  F  P  I  T  N  R  A
O  S  L  S  E  L  O  P  P  E  V  T  M  D
K  Z  A  O  H  R  T  B  K  M  J  I  Q  L
K  W  R  M  G  O  L  I  E  Ø  O  S  X  U
I  T  M  M  Q  S  P  A  U  L  Z  Y  E  S
P  V  Q  E  T  D  Y  P  K  L  A  R  V  E
E  R  G  R  T  E  H  V  E  P  S  T  P  A
H  Z  T  F  H  O  R  N  E  T  H  C  F  B
G  T  G  U  L  D  S  M  E  D  S  F  U  O
E  A  Y  G  X  W  X  B  I  L  L  E  C  C
J  J  Z  L  I  E  T  X  D  T  K  M  T  G
Y  B  V  M  A  R  I  E  H  Ø  N  E  V  G
```

MYRE	GULDSMED
BI	MARIEHØNE
BLADLUS	MØL
LOPPE	MYG
MANTIS	SOMMERFUGL
GRÆSHOPPE	TERMIT
HORNET	HVEPS
KAKERLAK	ORM
BILLE	CICADA
LARVE	

6 - Dinosaurier

```
I  B  D  U  H  I  S  N  Q  D  L  S  O  Q
A  Z  Y  K  A  Q  H  T  U  M  D  T  N  K
L  Z  M  T  M  Y  A  W  O  S  U  Ø  D  L
P  L  A  N  T  E  Æ  D  E  R  D  R  M  F
P  S  M  W  K  E  G  U  C  E  V  R  A  J
I  O  M  Y  R  A  P  T  O  R  I  E  G  O
C  C  U  S  Y  E  N  O  R  M  K  L  T  R
T  U  T  Y  B  R  L  Y  V  T  L  S  F  D
C  T  H  B  D  O  C  E  C  I  I  E  U  Z
H  A  L  E  Y  R  I  U  M  Q  N  M  L  N
K  D  C  U  R  J  P  K  R  M  G  G  D  Y
O  M  N  I  V  O  R  E  A  K  X  H  E  A
F  O  S  S  I  L  E  R  R  S  N  O  S  R
P  E  F  O  R  H  I  S  T  O  R  I  S  K
```

OMNIVORE	STOR
ART	STØRRELSE
BYTTE	MAGTFULDE
OND	MAMMUT
ENORM	PLANTEÆDER
JORD	FORHISTORISK
UDVIKLING	RAPTOR
VINGER	KRYBDYR
FOSSILER	HALE

7 - Obst

```
K  I  R  S  E  B  Æ  R  A  F  K  H  U  R
I  P  Æ  R  E  A  K  B  X  N  C  Z  P  G
W  A  X  P  H  N  H  O  L  N  A  J  V  Z
I  P  H  W  R  A  T  A  K  E  A  N  S  X
B  A  I  H  F  N  V  X  Z  O  Z  Q  A  Z
L  Y  N  D  A  B  R  I  K  O  S  U  T  S
O  A  D  A  V  O  C  A  D  O  A  N  B  Q
M  F  B  R  O  M  B  Æ  R  G  G  W  Ø  H
M  F  Æ  C  I  T  R  O  N  O  H  B  N  D
E  M  R  N  E  K  T  A  R  I  N  Æ  N  G
F  E  R  S  K  E  N  U  W  X  Q  R  C  S
K  L  Z  Q  Z  M  T  T  N  H  D  R  U  E
Z  O  R  A  N  G  E  N  Z  B  M  J  H  A
N  N  K  B  K  D  Z  I  A  E  U  R  V  Z
```

ANANAS	KIWI
ÆBLE	KOKOSNØD
ABRIKOS	MELON
AVOCADO	NEKTARIN
BANAN	ORANGE
BÆR	PAPAYA
PÆRE	FERSKEN
BROMBÆR	BLOMME
HINDBÆR	DRUE
KIRSEBÆR	CITRON

8 - Schule #2

```
W  M  B  L  Æ  R  I  N  G  I  P  V  V  V
K  T  L  I  C  O  M  P  U  T  E  R  I  I
W  K  Y  V  B  G  B  I  O  F  N  O  D  S
E  U  A  D  P  L  R  S  L  G  N  R  E  K
E  D  N  L  G  M  I  A  T  O  E  D  N  E
K  D  T  I  J  O  Y  O  M  S  Q  B  S  L
E  A  I  T  Y  U  G  U  T  M  G  O  K  Æ
N  N  L  T  L  Æ  R  E  R  E  A  G  A  D
D  N  Æ  E  R  Y  G  S  Æ  K  K  T  B  E
E  E  S  R  N  F  P  A  P  I  R  J  I  R
R  L  N  A  R  D  H  K  W  B  H  A  T  K
A  S  I  T  T  C  E  S  R  U  V  D  N  S
W  E  N  U  Y  Q  J  R  C  S  O  H  M  D
M  F  G  R  B  Ø  G  E  R  V  W  E  G  C
```

BIBLIOTEK	LÆSNING
UDDANNELSE	LITTERATUR
BLYANT	PAPIR
BUS	VISKELÆDER
BØGER	RYGSÆK
COMPUTER	SAKS
GRAMMATIK	PENNE
KALENDER	VIDENSKAB
LÆRER	WEEKENDER
LÆRING	ORDBOG

9 - Spielzeuge

```
D  R  T  L  L  F  P  X  G  Y  N  Q  B  K
U  R  F  L  Y  A  U  V  O  B  Ø  G  E  R
K  D  A  N  N  S  K  A  K  I  M  L  G
K  F  V  G  M  T  L  T  J  S  F  L  U  M
E  W  O  R  E  A  E  R  B  P  T  O  G  K
D  G  R  A  M  S  S  Z  U  I  A  X  N  U
Q  G  I  N  V  I  P  C  L  L  L  P  M  Z
T  C  T  C  L  O  I  B  O  L  D  A  H  A
R  O  C  Y  K  E  L  R  O  B  O  T  X  P
O  L  E  R  N  Q  W  N  M  G  C  K  X  U
M  J  N  H  Z  Y  D  V  Z  B  D  P  V  W
M  B  H  E  Y  X  L  W  Y  Å  Q  K  I  S
E  W  X  Q  A  K  H  Å  N  D  V  Æ  R  K
R  U  A  F  R  H  C  X  O  J  Q  D  M  T
```

BIL	FANTASI
BOLD	DUKKE
BÅD	PUSLESPIL
BØGER	ROBOT
DRAGE	SKAK
CYKEL	TROMMER
FAVORIT	SPIL
FLY	LER
HÅNDVÆRK	TOG
LASTBIL	

10 - Camping

```
H  Æ  N  G  E  K  Ø  J  E  H  O  W  D  N
P  L  E  S  G  V  B  P  J  A  G  T  E  Y
A  K  K  V  P  S  E  M  M  T  S  K  Q  B
U  X  P  O  P  M  Å  N  E  V  Ø  K  U  Y
S  J  O  V  M  U  G  W  T  Q  S  B  O  K
I  E  X  Z  S  P  A  X  R  Y  Z  J  N  V
N  A  T  U  R  G  A  I  E  Q  R  E  U  O
S  K  A  N  O  Q  L  S  B  K  K  R  D  Q
E  L  A  N  T  E  R  N  E  B  Y  G  P  O
K  A  B  I  N  E  H  W  P  R  A  O  S  X
T  Z  C  Z  R  W  Z  R  L  A  K  O  R  T
E  J  C  E  W  M  N  J  R  N  S  R  Q  E
L  O  P  H  W  J  J  H  N  D  Y  R  W  C
T  W  T  N  H  H  Q  W  P  O  Z  V  R  P
```

EVENTYR	KOMPAS
BJERG	LANTERNE
BRAND	MÅNE
HÆNGEKØJE	NATUR
HAT	SØ
INSEKT	REB
JAGT	SJOV
KABINE	DYR
KANO	SKOV
KORT	TELT

11 - Zeit

```
U G E G J O H T V K M N Z C
X N T U L F R R J Q I F Q I
Å Z M M K T M Y R E N Ø X R
R E K L A B I M K Z U R Y X
L V W M L R D M B D T C M O
I P R V E C D I E S M M O R
G G V C N J A Y D H M A Y F
J G Å D D A G S L F Å R S R
S Q L R E F T E R B N C U E
A S M O R G E N J Q E R C M
W Q T G W I D A G M D N U T
H B F R Å R T I V O Z B J I
Å R H U N D R E D E S X E D
U U F B F L L L H B I J W Z
```

I GÅR	MÅNED
I DAG	MORGEN
ÅR	EFTER
ÅRHUNDREDE	NAT
ÅRTI	TIME
ÅRLIG	DAG
NU	UR
KALENDER	FØR
MINUT	UGE
MIDDAG	FREMTID

12 - Säugetiere

```
F  B  Z  I  T  X  C  W  P  U  T  K  P  B
F  U  C  S  A  U  J  M  D  H  C  Æ  R  Æ
I  L  F  G  G  B  U  Z  N  Q  D  N  Æ  R
Z  V  C  Å  I  H  E  S  T  S  G  G  R  E
K  Y  U  D  R  O  T  T  E  Y  O  U  I  L
H  U  N  D  A  Z  E  B  R  A  R  R  E  E
Z  O  A  X  F  E  Q  Z  Æ  Q  I  U  U  F
S  T  I  G  E  R  L  Ø  V  E  L  G  L  A
A  A  Z  U  N  F  I  M  E  Q  L  U  V  N
V  Q  A  O  E  N  P  O  U  O  A  C  B  T
Y  J  F  A  J  G  M  F  P  H  C  X  Æ  N
Z  N  W  J  S  L  G  O  F  V  Q  J  V  O
X  A  P  A  N  T  E  R  I  A  A  D  E  L
I  U  B  O  E  E  E  N  Q  L  J  W  R  F
```

ABE	LØVE
BÆRE	PANTER
BÆVER	HEST
ELEFANT	ROTTE
RÆV	FÅR
GIRAF	TYR
GORILLA	TIGER
HUND	HVAL
KÆNGURU	ULV
PRÆRIEULV	ZEBRA

13 - Astronomie

```
O A V M A S T R O N O M Q R
P Q S E P L A N E T S C H R
B B M T S A T E L L I T N R
O B S E R V A T O R I U M V
J Z U O K O S M O S S S K P
H O N R O Y N E B U L A T E
I D R G M D Q A C K U U T M
M I O D E S N J U R A K E T
M A A V T W T J H T J Z L A
E C F K U L C J B J T T E X
L U N I V E R S E K M G S P
A S T E R O I D E R Å Y K E
S U P E R N O V A Q N G O B
W R B X N D A J I F E E P F
```

ASTEROIDE
ASTRONAUT
ASTRONOM
JORD
HIMMEL
KOMET
KOSMOS
METEOR
MÅNE
NEBULA

OBSERVATORIUM
PLANET
RAKET
SATELLIT
STJERNE
SUPERNOVA
TELESKOP
ZODIAC
UNIVERS

14 - Ballett

```
M P S I P N M U S K L E R M
U C T M P R J P O U H X G G
S N J V D W K X L N J M I H
I J Q Y V V T C O S K Q N I
K P U B L I K U M T F C T J
Y N D E F U L D F N Æ B E D
C R S A Q B A L L E R I N A
O R K E S T E R T R D F S N
G D I O I D Z K E I I A I S
N E E R S N D M K S G L T E
F K S Y Y D V H N K H D E R
I M F T S T I L I T E G T E
Z M V M U B T Q K T D G A Z
V I O E F S G Q I Y Q B J N
```

YNDEFULD	MUSKLER
BIFALD	ORKESTER
BALLERINA	PUBLIKUM
FÆRDIGHED	RYTME
GESTUS	SOLO
INTENSITET	STIL
KUNSTNERISK	DANSERE
MUSIK	TEKNIK

15 - Strand

```
S  I  R  C  D  K  J  Q  V  S  O  L  R  O
A  I  S  P  F  O  Y  K  R  A  B  B  E  R
N  F  E  R  I  E  C  S  R  N  C  F  V  A
D  M  I  Q  H  A  V  K  T  D  S  O  Q  R
A  N  L  O  U  B  Y  A  S  E  P  C  F  F
L  I  P  I  S  H  N  R  O  X  W  E  V  B
E  F  H  P  H  Z  Å  Q  D  J  D  A  S  B
R  T  L  Z  I  H  Ø  N  Q  I  W  N  I  C
P  A  R  A  P  L  Y  Y  D  Y  T  C  X  J
O  R  Y  A  B  Å  D  H  V  K  Z  I  P  P
N  S  E  J  L  B  Å  D  T  B  L  B  L  T
K  H  C  D  Å  F  C  W  Y  O  W  Æ  K  R
O  L  C  E  K  V  L  A  G  U  N  E  D  O
C  J  D  E  Q  B  U  Y  V  S  A  M  H  E
```

BLÅ	OCEAN
BÅD	PARAPLY
DOCK	REV
HÅNDKLÆDE	SAND
KRABBE	SANDALER
KYST	SEJLBÅD
LAGUNE	SOL
HAV	FERIE

16 - Restaurant #1

```
K O N R S K Å L K N I V B Z
W Ø Z E E L X Q A S N M R Q
E I D S R N K G S P A P Ø M
M A D E V P Y J S N L U D Z
K L U R I S L Q E O U A C X
R L A V T E L O R X K A D E
Y E X A R R I W E I Ø P A E
D R T T I V N V R L K R L I
R G J I C I G S H Q K Y X P
E I M O E E P E Z K E T W W
T W R N V T E K M A N L I K
P G Q K Y P M V E F L X T C
C E R X Z A J R N F S U Z X
D E S S E R T V U E P K B A
```

ALLERGI	KØKKEN
BRØD	MENU
DESSERT	KNIV
MAD	RESERVATION
KØD	SKÅL
KYLLING	SERVIET
KAFFE	SAUCE
KASSERER	PLADE
SERVITRICE	KRYDRET

17 - Geologie

```
H  M  I  N  E  R  A  L  E  R  V  V  F  S
K  U  Z  D  B  F  W  Q  D  Y  U  O  O  T
O  V  L  Z  K  K  S  N  G  Y  L  H  S  A
R  Y  A  E  M  Z  A  Y  Y  S  K  P  S  L
A  U  V  X  E  S  L  M  R  M  A  X  I  A
L  S  A  K  O  N  T  I  N  E  N  T  L  G
D  T  J  O  R  D  S  K  Æ  L  V  M  D  M
P  A  L  C  N  I  O  T  L  T  Q  M  Y  I
Q  L  C  A  L  C  I  U  M  E  P  R  W  T
R  A  A  G  E  J  S  E  R  T  L  P  C  T
J  K  S  T  E  N  L  G  D  B  Z  O  N  E
P  T  F  J  E  R  O  S  I  O  N  Y  N  R
G  I  F  L  M  A  K  V  A  R  T  S  H  L
P  T  U  J  C  B  U  J  X  Q  A  I  Q  A
```

JORDSKÆLV	MINERALER
EROSION	PLATEAU
FOSSIL	KVARTS
SMELTET	SALT
GEJSER	SYRE
HULE	STALAGMITTER
CALCIUM	STALAKTIT
KONTINENT	STEN
KORAL	VULKAN
LAVA	ZONE

18 - Wissenschaft

```
E P X F K M K R N U S M P G
K L F U L I E O A D F O A T
S A B J I N M K T V Y L R Y
P N K G M E I L U I S E T N
E T L X A R S H R K I K I G
R E J D T A K H T L K Y K D
I R G A W L N H Z I F L L E
M E T O D E B Y G N A E E K
E K I B J R Y P Q G G R R R
N D T W F V F O S S I L M A
T L A B O R A T O R I U M F
K I T T Q Y Y E R R S I V T
E L O O A V R S F A K T U M
F K M L E T C E B A Q O Z U
```

ATOM	METODE
KEMISK	MINERALER
DATA	MOLEKYLER
UDVIKLING	NATUR
EKSPERIMENT	PARTIKLER
FOSSIL	PLANTER
HYPOTESE	FYSIK
KLIMA	TYNGDEKRAFT
LABORATORIUM	FAKTUM

19 - Bildende Kunst

```
A R K I T E K T U R P S K F
S S M M A L E R I Q E T R O
K T E U B Q S M H T R A E T
U E S H L A K L X O S F A O
L N T U Y T R U U H P F T G
P C E G A A Q V N T E E I R
T I R T N L E O K S K L V A
U L V X T R Æ K U L T I I F
R Q Æ L Q O D S Q T I N T I
P O R T R Æ T E Z P V A E R
L P K Y S F O C O O K L T R
K E R A M I K R I D T W L N
E N R L E L Y X U G C S X J
N Y E O T M W B S V I O K S
```

ARKITEKTUR	LAK
BLYANT	MESTERVÆRK
FILM	PERSPEKTIV
FOTOGRAFI	PORTRÆT
MALERI	STENCIL
TRÆKUL	SKULPTUR
KERAMIK	STAFFELI
KREATIVITET	PEN
KRIDT	LER
KUNSTNER	VOKS

20 - Sport

```
B  S  H  O  C  K  E  Y  S  B  X  B  G  I
V  A  P  E  J  G  C  Y  K  E  L  A  Y  Z
I  M  S  I  Q  Y  N  D  X  V  L  S  M  B
N  Q  P  E  L  M  N  R  B  Æ  P  K  N  M
D  P  I  Q  B  N  R  G  O  G  S  E  A  S
E  F  L  S  L  A  A  T  L  E  T  T  S  T
R  R  L  R  K  S  L  H  D  L  E  B  I  A
P  L  E  V  T  T  L  X  S  N  A  U  D
P  B  R  Q  R  I  C  P  R  E  N  L  M  I
A  H  U  J  Æ  K  C  K  V  A  I  L  L  O
H  G  C  Z  N  I  R  N  B  T  S  G  B  N
D  O  M  M  E  R  R  Q  R  G  I  N  M  E
N  L  L  Y  R  A  F  G  L  T  W  O  T  Y
Y  F  N  D  M  E  S  T  E  R  S  K  A  B
```

ATLET	GYMNASTIK
BASEBALL	HOLD
BASKETBALL	MESTERSKAB
BEVÆGELSE	DOMMER
HOCKEY	SPIL
CYKEL	SPILLER
VINDER	STADION
GOLF	TENNIS
GYMNASIUM	TRÆNER

21 - Mythologie

```
T  T  M  U  H  Y  R  E  T  A  A  B  U  B
L  A  B  Y  R  I  N  T  O  P  D  P  L  B
J  T  R  X  M  R  N  X  R  T  F  T  C  U
Q  A  R  K  J  A  Y  C  D  D  Æ  R  Z  Q
K  F  L  I  E  Q  X  T  E  Ø  R  A  T  K
X  V  Y  O  U  T  M  R  N  D  D  S  M  A
X  K  N  Z  U  M  Y  Z  H  E  L  T  A  T
V  Æ  S  E  N  S  F  P  F  L  V  Y  G  A
S  X  A  M  Y  J  I  E  E  I  H  R  I  S
C  P  N  K  U  L  T  U  R  G  Æ  K  S  T
I  G  S  K  A  B  E  L  S  E  V  E  K  R
K  R  U  C  Y  U  M  S  A  G  N  O  J  O
U  U  K  R  I  G  E  R  C  P  H  D  J  F
U  D  Ø  D  E  L  I  G  H  E  D  Y  E  E
```

ARKETYPE	LABYRINT
LYN	SAGN
TORDEN	MAGISK
JALOUSI	UHYRE
HELT	HÆVN
KATASTROFE	STYRKE
SKABELSE	DØDELIG
VÆSEN	TRIUMFERENDE
KRIGER	UDØDELIGHED
KULTUR	ADFÆRD

22 - Restaurant #2

```
B X D P M B D O V J E T Æ E
N Y T A R F R T D B B J G B
U X S T O L I V K A G E R A
D I A V P R K C A I Z N Ø E
L U W V F R U G T N F E N K
E S A L T I S A V K D R T A
R S A L A T S U P P E E S P
S M I D D A G K D H S N A L
M K R Y D D E R I E R S G D
D M E Z V F R O K O S T E M
M U X N P T P M Z F M A R K
T X Y D T P F B P N D F N X
O Q J Y W A D B N O B B K J
J G G A F F E L Æ K K E R Q
```

MIDDAG	LÆKKER
ÆG	KAGE
IS	SKE
FISK	FROKOST
FRUGT	NUDLER
GAFFEL	SALAT
GRØNTSAGER	SALT
DRIK	STOL
KRYDDERIER	SUPPE
TJENEREN	VAND

23 - Ökologie

```
R R B K L I M A M P Z N V V
E B Q Æ V V O I A L F A E O
S B J A R T S Z R A R T G V
S S D E R E E Q I N I U E E
O F P S R T D K N T V R T R
U A L X T G U Y E E I L A L
R U Y Z D J E L G R L I T E
C N A T U R A R N T L G I V
E A M O G L O B A L I U O E
R R F H O S J V T Z G G N L
F Æ L L E S S K A B E R M S
J X O C O J H Q U I Z Z G E
T Ø R K E F C B H R H M I J
O H A B I T A T N N I I A V
```

ART	MARINE
BJERGE	BÆREDYGTIG
TØRKE	NATUR
FAUNA	NATURLIG
FLORA	PLANTER
FRIVILLIGE	RESSOURCER
FÆLLESSKABER	MOSE
GLOBAL	OVERLEVELSE
KLIMA	VEGETATION
HABITAT	

24 - Schokolade

```
J O R D N Ø D D E R Z E N K
A N T I O X I D A N T K G O
V H P C A C A O E T I S K K
I S L Æ K K E R B T N O V O
C P C O P A C W W R G T A S
F R L N Q E L Z U A R I L N
K A R A M E L O P N E S I Ø
Z J V R E M A E R G D K T D
G B F O X X W T P I I I E C
V C A M R Y F Y U D E P T O
R P E A T I S R L S N R E E
B I T T E R T B V M S S W M
O P S K R I F T E A N Q Ø M
S U K K E R L K R G Z F V D
```

ANTIOXIDANT	KOKOSNØD
AROMA	LÆKKER
BITTER	PULVER
JORDNØDDER	KVALITET
EKSOTISK	OPSKRIFT
FAVORIT	SØD
SMAG	TRANG
CACAO	SUKKER
KALORIER	INGREDIENS
KARAMEL	

25 - Boote

```
K  N  B  F  U  M  O  T  O  R  H  A  S  B
Y  A  N  K  E  R  A  S  E  J  L  B  Å  D
A  U  J  H  D  T  O  N  G  H  F  R  Z  V
C  T  F  A  K  L  V  K  D  N  A  L  P  S
H  I  U  V  K  R  I  I  T  S  D  O  C  K
T  S  D  Z  O  Y  N  T  O  D  K  P  Y  U
J  K  D  S  R  K  L  Y  V  E  Y  A  H  F
L  F  O  H  Ø  W  P  S  I  V  H  O  B  L
C  Æ  C  N  Z  L  X  S  Y  F  K  A  N  O
F  R  E  B  Ø  L  G  E  R  K  Y  D  M  D
P  G  A  M  B  D  M  A  S  T  E  M  Q  Z
C  E  N  Z  P  L  B  Ø  J  E  Q  R  U  D
R  E  D  N  I  N  G  S  B  Å  D  U  W  F
A  S  T  Ø  M  M  E  R  F  L  Å  D  E  F
```

ANKER	HAV
BØJE	MOTOR
MANDSKAB	NAUTISK
DOCK	OCEAN
FÆRGE	REDNINGSBÅD
TØMMERFLÅDE	SØ
FLOD	SEJLBÅD
KAJAK	REB
KANO	BØLGER
MAST	YACHT

26 - Stadt

```
U N U I G S O I C B H D X B
B A N K E A T K Z H O B K I
X Y I S I C L A E K T O Z B
N U V L U X F L D W E G O L
D S E G M P Y V E I L H O I
M A R K E D E I Y R O A B O
L P S K O L E R U T I N A T
U O I M C K C K M E T D G E
F T T U Z S A L A A Y E E K
T E E S K A M I C T R L R O
H K T E N L W N K E V K I H
A N V U A O W I O R M V E V
V O I M I N F K G Q Y L C D
N L B I O G R A F U X I M K
```

APOTEK   MARKED
BANK   MUSEUM
BAGERI   SALON
BIBLIOTEK   SKOLE
BOGHANDEL   STADION
LUFTHAVN   SUPERMARKED
GALLERI   TEATER
HOTEL   UNIVERSITET
BIOGRAF   ZOO
KLINIK

27 - Aktivitäten

```
K U F M Z U M B F Y S R S P
K E N R A E Q A G A F Y T F
U K R C C G P F L D F A R O
N L D A N S I S A E O M I T
S X C M M P F L I Q R F K O
T Y V P J I A A S Y N I N G
B R R I L L K P J Y Ø S I R
L Æ S N I N G N A X J K N A
S F B G S L I I G R E E G F
X T E X S F E N T M L R S E
M O G O F Z M G R S S I M R
H Å N D V Æ R K H Q E J S I
I V A K T I V I T E T C N N
O F R I T I D Q N K G I R G
```

AKTIVITET	KUNST
FISKERI	HÅNDVÆRK
CAMPING	LÆSNING
AFSLAPNING	MAGI
FOTOGRAFERING	SYNING
FRITID	SPIL
MALERI	STRIKNING
JAGT	DANS
KERAMIK	FORNØJELSE

28 - Bienen

```
V B V V B V O Y B I X I F J
I V O V F D R L N N B Y S G
N X K N H N Q V I S V Æ R M
G P S Q A O H A V E O O P D
E B L O M S T E R K Q L O R
R L H A B I T A T T T W L O
A O I R N G A V N L I G L N
G M V D Ø T X M S Y G E E N
H S E U Y G E H C W P N I I
T T D M M M F R U G T J G N
M A N G F O L D I G H E D G
Ø K O S Y S T E M Q H O E F
W G M D D B E S T Ø V E R G
C X Y S A H O N N I N G F H
```

BESTØVER	HABITAT
HIVE	ØKOSYSTEM
BLOMSTER	PLANTER
BLOMST	POLLEN
VINGER	RØG
FRUGT	SVÆRM
HAVE	SOL
HONNING	MANGFOLDIGHED
INSEKT	GAVNLIG
DRONNING	VOKS

29 - Wissenschaftliche Disziplinen

```
P  I  P  A  R  K  Æ  O  L  O  G  I  Z  X
X  M  S  G  E  O  L  O  G  I  B  L  U  T
T  M  Y  C  L  P  F  B  G  B  I  I  V  M
E  U  K  Ø  K  O  L  O  G  I  O  N  K  E
R  N  O  U  M  Z  O  G  B  O  K  G  I  K
M  O  L  I  X  S  I  G  O  L  E  V  N  A
O  L  O  I  S  A  N  A  T  O  M  I  E  N
D  O  G  K  P  U  F  V  A  G  I  S  S  I
Y  G  I  Q  E  T  S  X  N  I  O  T  I  K
N  I  M  L  A  M  L  P  I  H  D  I  O  Q
A  R  N  W  Z  R  I  D  K  D  G  K  L  Z
M  A  S  T  R  O  N  O  M  I  D  M  O  D
I  M  I  N  E  R  A  L  O  G  I  I  G  E
K  S  O  C  I  O  L  O  G  I  S  O  I  M
```

ANATOMI	KINESIOLOGI
ARKÆOLOGI	LINGVISTIK
ASTRONOMI	MEKANIK
BIOKEMI	MINERALOGI
BIOLOGI	ØKOLOGI
BOTANIK	PSYKOLOGI
KEMI	SOCIOLOGI
GEOLOGI	TERMODYNAMIK
IMMUNOLOGI	

30 - Vögel

```
P  V  Y  Q  A  M  O  X  R  I  U  S  S  Ø
A  P  Q  G  N  B  Q  W  Q  A  V  L  P  R
P  H  Å  R  D  U  E  M  G  V  V  O  U  N
E  Æ  M  F  L  A  M  I  N  G  O  N  R  S
G  G  Ø  G  U  Q  S  T  Z  K  V  P  V  V
Ø  Å  P  I  N  G  V  I  N  R  D  E  D  A
J  S  T  O  R  K  L  P  B  A  Q  L  I  N
E  K  M  E  J  Y  S  I  W  G  K  I  F  E
P  J  T  Y  H  Z  Y  E  V  E  N  K  H  W
K  F  G  E  O  E  E  F  K  G  T  A  A  W
X  Y  X  G  U  L  J  U  G  L  E  N  J  C
V  B  J  M  Å  G  E  R  S  X  A  T  E  B
K  Y  L  L  I  N  G  M  E  I  M  G  V  W
B  U  D  K  N  D  Z  B  D  P  J  E  W  T
```

ØRN	PAPEGØJE
ÆG	PELIKAN
AND	PÅFUGL
UGLE	PINGVIN
FLAMINGO	RAVN
GÅS	HEJRE
KYLLING	SVANE
KRAGE	SPURV
GØG	STORK
MÅGE	DUE

31 - Kochen Tools

```
Q Y K S E S A E E V T G K E
K U G A F F E L Å G D H Ø Y
D U E K N I V G C S K E L A
K P A S B R Ø D R I S T E R
E R B V T M S H F R N V S X
D N E L L E S P A T E L K Z
E Y S K E R R I I R O P A D
L L T O V N I M E R S M B Ø
F Z I M U R D V O K X L U R
O V K F T X Q E E M L B D S
Z Y Q U Z V Y Q R J E B L L
K Z D R B B Y A F W E T Z A
D U A P P E S Q O O C R E G
C Y K Y J G S L I O K T N R
```

BESTIK	OVN
LÅG	RIVEJERN
GAFFEL	SAKS
KOMFUR	DØRSLAG
KØLESKAB	SPATEL
SKE	TERMOMETER
KNIV	BRØDRISTER
BLENDER	KEDEL

32 - Garten

```
Q B K J S A X E J R T T G D
S F O U K R U D T O E I R O
T R Æ M O V Z A C Q R H Æ A
B U S K V O A M S M R D S H
P G T L L L H A V E A M P N
D T L B A N Æ C U B S U L F
K H E G N N T L Æ S U Æ X
L A S F M M G G Q N E G N S
H V Y R I V E E A K K I E G
L E H R D D K I Y R Y V K R
I R N A G I Ø L X N A G Z Æ
B L O M S T J I Q J Q G K S
U J X U A V E R A N D A E U
T R A M P O L I N L E F M N
```

BÆNK	GRÆSPLÆNE
TRÆ	RIVE
BLOMST	SKOVL
JORD	SLANGE
BUSK	DAM
GARAGE	TERRASSE
HAVE	TRAMPOLIN
GRÆS	UKRUDT
HÆNGEKØJE	VERANDA
FRUGTHAVE	HEGN

33 - Antarktis

```
P  T  W  V  T  W  S  D  V  F  I  Q  G  K
N  J  B  I  O  M  T  T  L  L  I  B  E  O
Y  Z  Y  N  P  I  I  G  E  N  Z  S  O  N
K  U  X  D  O  L  K  G  Y  N  O  P  G  T
B  U  G  T  G  J  Y  Q  R  H  E  C  R  I
S  M  R  H  R  Ø  D  G  K  A  H  T  A  N
I  I  P  A  A  C  W  G  T  L  T  L  F  E
V  N  W  M  F  U  G  L  E  V  K  I  I  N
E  E  S  N  I  M  F  C  N  Ø  A  V  O  T
J  R  T  H  B  E  V  A  R  E  L  S  E  N
R  A  N  Y  Y  T  R  F  O  R  S  K  E  R
R  L  E  K  S  P  E  D  I  T  I  O  N  I
B  E  I  V  A  N  D  I  M  O  H  J  T  P
J  R  T  T  E  M  P  E  R  A  T  U  R  G
```

BUGT	MIGRATION
IS	MINERALER
BEVARELSE	TEMPERATUR
EKSPEDITION	TOPOGRAFI
STENET	MILJØ
FORSKER	FUGLE
GEOGRAFI	VAND
HALVØ	VEJR
ØER	VIND
KONTINENT	

34 - Fahren

```
I  Y  E  K  I  H  A  R  L  B  F  V  T  G
E  J  D  L  S  M  A  L  I  C  E  N  S  A
B  G  A  R  A  G  E  S  W  O  X  P  D  S
I  L  A  S  T  B  I  L  T  R  A  F  I  K
L  M  I  A  I  K  O  R  T  I  W  I  A  B
H  R  U  L  Y  K  K  E  B  L  G  U  E  R
P  O  L  I  T  I  K  Z  Z  B  L  H  Y  Æ
S  Y  D  U  A  B  R  E  M  S  E  R  E  N
B  Z  L  Q  Y  F  E  Z  R  F  V  O  Y  D
M  O  T  O  R  P  Q  Z  I  H  A  A  M  S
T  R  A  N  S  P  O  R  T  L  E  R  E  T
M  O  T  O  R  C  Y  K  E  L  V  D  E  O
H  B  U  S  A  D  V  A  R  S  E  L  R  F
G  H  F  T  U  N  N  E  L  J  Q  L  I  V
```

BIL	LASTBIL
BREMSER	MOTOR
BRÆNDSTOF	MOTORCYKEL
BUS	POLITI
GARAGE	SIKKERHED
GAS	TRANSPORT
FARE	TUNNEL
HASTIGHED	ULYKKE
KORT	TRAFIK
LICENS	ADVARSEL

35 - Bücher

```
L  I  T  T  E  R  Æ  R  N  R  Y  E  D  F
H  Æ  X  X  D  K  U  J  P  A  K  V  U  O
I  P  S  L  W  S  O  Z  S  G  Q  E  A  R
S  I  K  E  Z  A  E  N  S  N  N  N  L  F
T  L  R  Y  R  M  N  R  T  G  P  T  I  A
O  D  I  G  T  L  X  U  I  E  R  Y  T  T
R  O  V  D  U  I  S  J  H  E  K  R  E  T
I  G  E  Q  A  N  P  O  E  S  I  S  T  E
S  J  T  T  G  E  J  P  N  O  K  T  R
K  S  I  D  E  O  P  F  I  N  D  S  O  M
H  I  S  T  O  R  I  E  S  P  N  B  Z  U
T  R  A  G  I  S  K  A  K  H  A  T  E  A
H  U  M  O  R  I  S  T  I  S  K  D  I  H
F  O  R  T  Æ  L  L  E  R  O  M  A  N  Y
```

EVENTYR	HUMORISTISK
FORFATTER	SAMLING
DUALITET	KONTEKST
EPISK	LÆSER
OPFINDSOM	LITTERÆR
FORTÆLLER	POESI
DIGT	ROMAN
HISTORIE	SIDE
SKRIVET	SERIE
HISTORISK	TRAGISK

36 - Menschlicher Körper

```
S  A  E  H  Å  N  D  A  R  H  A  L  S  G
K  N  Æ  J  M  O  W  L  O  E  O  B  R  B
U  S  X  E  U  K  Æ  B  E  E  H  V  J  Z
L  I  Ø  R  E  B  F  U  F  I  N  G  E  R
D  G  A  T  A  A  N  E  T  O  Æ  T  O  D
E  T  E  E  S  N  G  J  Q  C  S  U  I  L
R  X  W  G  P  P  K  M  B  T  E  N  F  A
K  I  K  Z  X  N  H  E  W  L  X  G  C  Y
I  Z  I  X  P  L  A  S  L  S  O  E  G  P
H  H  U  D  U  E  G  D  C  Q  E  D  T  N
F  G  H  G  W  M  E  W  J  U  P  V  R  X
B  G  A  B  O  B  E  N  T  K  M  U  N  D
H  J  E  R  N  E  B  O  O  B  C  S  M  Z
D  J  W  V  Q  H  L  R  L  D  V  S  N  Z
```

BEN	KÆBE
BLOD	HAGE
ALBUE	KNÆ
FINGER	ANKEL
HJERNE	HOVED
ANSIGT	MUND
HALS	NÆSE
HÅND	ØRE
HUD	SKULDER
HJERTE	TUNGE

37 - Klettern

```
N Q C Z X D Y O U H H J F L
F Y L I V I F J N W U H C B
Y H S T E R R Æ N F L Q L L
S H M G U B S J H X E I P V
I K A L E A T M O S F Æ R E
S D L V K R Y Q U U S B C H
K K D O S U R B I P K Z S A
K O R T P U K I B F A R T N
M F E T E M E J G A D H Ø D
X I U W R Y Z D T H E Ø V S
X U F H T Q Y N X J E J L K
T S T A B I L I T E T D E E
Q J U D D A N N E L S E R R
V A N D R I N G I M S G D K
```

ATMOSFÆRE	NYSGERRIGHED
UDDANNELSE	FYSISK
EKSPERT	SMAL
TERRÆN	STABILITET
HANDSKER	STYRKE
HJELM	STØVLER
HØJDE	SKADE
HULE	VANDRING
KORT	

38 - Landschaften

```
P X V F B L O S G U P D M Z
L D U G T A F Ø T E H U L E
C F L O D F K Z F R J Z A N
Z D K N G S R K D K A S X H
H A A H A L V Ø E R W N E F
A V N B J E R G R G P Z D R
V J B F S I I S B J E R G P
T U N D R A W K U T V L L A
V A N D F A L D G L B W E Q
T C N C Q A C A T T I D T Z
T W O A S E T L I S M A S P
J N W C U K S G R X E H J N
U A J T M Ø R K E N V K E T
K B G D P G F G Q K A A R T
```

BJERG
ISBJERG
FLOD
GEJSER
GLETSJER
BUGT
HALVØ
HULE
BAKKE
HAV

OASE
SØ
STRAND
SUMP
DAL
TUNDRA
VULKAN
VANDFALD
ØRKEN

39 - Abenteuer

```
T W Z E V E N N E R T B U G
N O V E R R A S K E N D E L
U V U Z B Z V I K S V J F Æ
D B K C O E I K N Ø A L O D
F A R L I G G K A C N C R E
L V E R W G A E T D S H B Y
U M J X Q O T R U X K A E Z
G R S W B A I H R K E N R D
T N E S S D O E L U L C E Y
Y V R K D H N D Z H I E D Q
S X U H E B M U L I G H E D
T A P P E R H E D I H Z L T
R E J S E P L A N N E M S X
A K T I V I T E T Y D V E Y
```

AKTIVITET
UDFLUGT
CHANCE
GLÆDE
VENNER
FARLIG
MULIGHED
NATUR
NAVIGATION

NY
REJSER
REJSEPLAN
SKØNHED
VANSKELIGHED
SIKKERHED
TAPPERHED
OVERRASKENDE
FORBEREDELSE

40 - Flugzeuge

```
K N M O T O R B K U V P Y P
J A A H Ø J D E E D E N E A
E F N V R P M F X E J W T S
V S D B I S J U P S R E X S
E T S R H G N A G I L I D A
N A K Æ I D E A H G L B T G
T M A N S I B R I N T O K E
Y N B D T X N J E U O Q T R
R I T S O H I M M E L X Z V
R N N T R P R O P E L L E R
A G D O I B A L L O N S S O
Z I W F E A T M O S F Æ R E
L U F T U R B U L E N S E P
K O N S T R U K T I O N A G
```

EVENTYR	KONSTRUKTION
AFSTAMNING	LUFT
ATMOSFÆRE	MOTOR
BALLON	NAVIGERE
BRÆNDSTOF	PASSAGER
MANDSKAB	PILOT
DESIGN	PROPELLER
HISTORIE	TURBULENS
HIMMEL	BRINT
HØJDE	VEJR

41 - Haartypen

```
K R Ø L L E R K R Ø L L E T
M S K A L D E T L P A D T K
B A O N F L E T T E T B Y O
O Ø A G A R J B K Z B J N R
U L L H R F O V D L V B D T
J J I G V L X U U T Z B N G
N B R R E E C A P I U U E Z
Q B T Å T T U F X U X T I J
Y R X P K N Y S X E L L J N
S U M N T I E K C O B X N Y
G N R O U N A K S Ø L V E Z
H V I D M G T F O U O T Ø R
B L Ø D C E J D R Y N I V H
R Q I I H R S N T Y D D R H
```

BLOND	LANG
BRUN	KRØLLER
TYK	KRØLLET
TYND	SORT
FARVET	SØLV
FLETTET	TØR
SUND	BLØD
GRÅ	HVID
SKALDET	BØLGET
KORT	FLETNINGER

42 - Essen #1

```
H  Q  C  I  Y  F  J  E  E  B  K  U  D  H
R  P  I  J  M  V  T  N  O  I  O  O  F  O
L  N  T  Q  C  X  A  P  F  B  Z  N  U  T
J  O  R  D  N  Ø  D  Z  M  G  A  U  O  M
O  H  O  B  S  U  K  K  E  R  S  H  A  O
R  B  N  P  A  A  P  C  N  V  G  K  L  C
D  Y  M  Æ  L  K  F  K  M  X  S  P  Ø  R
B  E  U  R  T  A  V  T  A  X  U  K  G  D
Æ  O  N  E  U  N  N  D  J  K  P  A  U  I
R  T  P  T  N  E  W  A  R  M  P  F  L  M
Z  H  V  I  D  L  Ø  G  O  Y  E  F  E  G
S  P  I  N  A  T  E  I  E  P  W  E  R  N
B  A  S  I  L  I  K  U  M  M  U  W  O  S
S  A  L  A  T  C  Q  R  K  S  S  Z  D  T
```

BASILIKUM	SAFT
PÆRE	SALAT
JORDBÆR	SALT
JORDNØD	SPINAT
KØD	SUPPE
KAFFE	TUN
GULEROD	KANEL
HVIDLØG	CITRON
MÆLK	SUKKER
MAJROE	LØG

43 - Gebäude

```
T Y V D U U R I Q P W M A I
E R I Z T N F G Å R D U M C
L B C Q X I K A E Y A S B G
T I L G R V H A E W N E A A
H O T E L E F O B Z B U S R
O G E Q F R T Q S I I M S A
S R A K C S P G F P N G A G
T A T T K I G S X O I E D E
E F E L B T S K O L E T E P
L J R E X E F A B R I K A W
T Å R N I T Q G W Q Q W G L
E L A B O R A T O R I U M A
O B S E R V A T O R I U M D
S T A D I O N O E N A J I E
```

GÅRD	MUSEUM
AMBASSADE	OBSERVATORIUM
FABRIK	LADE
GARAGE	SKOLE
HOSTEL	STADION
HOTEL	TEATER
KABINE	TÅRN
BIOGRAF	UNIVERSITET
HOSPITAL	TELT
LABORATORIUM	

44 - Angeln

```
V O I J J M Y L M F B O T Q
S X J B Å D I O H R D V Å P
T Æ M S F F N K O Q G E L Z
W G S Z I E H K R X H R M C
X R Ø O N O C E A N C D O Q
V I C W N Q P M M R Y R D R
V H F Q E I F A N N U I I M
P Y X T R Å D D B R R V G G
K R O G F S T R A N D E H X
V A N D B L C F K T E L E T
G Æ L L E R O K Æ B E S D R
P G G X S I D D V Z O E J X
U D S T Y R D J Q X H B Z S
N K U R V C F S H Q R U F X
```

UDSTYR	KÆBE
BÅD	GÆLLER
TRÅD	KURV
FINNER	LOKKEMAD
FLOD	OCEAN
TÅLMODIGHED	SØ
VÆGT	STRAND
KROG	OVERDRIVELSE
SÆSON	VAND

45 - Essen #2

```
Æ  A  A  T  L  Q  C  Q  W  M  K  Q  P  I
B  S  U  R  I  S  N  Æ  J  F  I  I  O  S
L  P  D  B  T  Y  O  G  H  U  R  T  S  N
E  A  B  A  E  I  V  M  Q  I  S  O  T  P
L  R  E  N  C  R  S  V  W  Y  E  M  S  O
B  G  F  A  O  H  G  K  C  T  B  A  V  B
B  E  U  N  Z  I  O  I  O  C  Æ  T  A  R
A  S  K  I  N  K  E  K  N  K  R  T  M  O
G  E  M  A  N  D  E  L  O  E  Q  H  P  C
A  L  W  F  Y  O  X  O  L  L  M  V  W  C
Q  L  J  W  M  M  A  J  W  F  A  E  H  O
V  E  L  S  F  R  D  H  O  I  F  D  E  L
B  R  Ø  D  R  I  V  D  E  S  M  E  E  I
L  I  L  N  C  W  W  A  P  K  U  N  G  B
```

ÆBLE	KIRSEBÆR
ARTISKOK	MANDEL
AUBERGINE	SVAMP
BANAN	RIS
BROCCOLI	SKINKE
BRØD	CHOKOLADE
ÆG	SELLERI
FISK	ASPARGES
YOGHURT	TOMAT
OST	HVEDE

46 - Familie

```
N  B  W  J  F  V  I  I  M  F  B  R  O  R
F  A  D  E  R  L  I  G  Q  E  M  X  N  F
H  R  A  T  Y  J  S  K  H  S  Ø  E  K  O
K  N  T  U  F  F  A  R  I  T  D  P  E  R
B  B  T  C  C  P  V  N  V  M  R  G  L  F
E  A  E  L  Q  T  H  K  I  B  E  D  A  A
D  R  R  X  N  O  V  J  R  E  S  S  T  D
S  N  O  N  F  Y  F  E  U  D  C  P  E  E
T  E  I  H  D  K  Y  S  Ø  S  T  E  R  R
E  B  X  A  K  O  N  E  M  T  A  N  T  E
F  A  O  K  S  N  M  O  R  E  T  H  Q  L
A  R  T  A  W  D  E  N  B  M  A  G  R  B
R  N  O  I  H  J  N  V  F  O  M  A  N  D
F  Æ  T  T  E  R  K  L  Ø  R  M  J  W  W
```

BROR	NEVØ
KONE	NIECE
MAND	ONKEL
BARNEBARN	SØSTER
BEDSTEMOR	TANTE
BEDSTEFAR	DATTER
BARN	FAR
BARNDOM	FADERLIG
MOR	FÆTTER
MØDRES	FORFADER

47 - Pflanzen

```
J B U S K B L O M S T O C V
H W O G R Æ S T A N C B B E
M O S T Ø L I U O H X H Ø G
M V P A A D C R O D A N N E
F L O R A N N T C I T V N T
T B D E Q Q I I J C V E E A
R K J B Z I L K N T G D W T
Æ J B L Ø V O R K G L B M I
T U A S D U T O D Y W E R O
F V M B Y R X N T S H N D N
R H B Æ T K E B D K I D D C
F M U R B D T L H O N G R N
N Q S I L E O A C V P W Y L
D X E E F I E D K A K T U S
```

BAMBUS	FLORA
TRÆ	HAVE
BÆR	GRÆS
BLOMST	KAKTUS
KRONBLAD	URT
BØNNE	LØV
BOTANIK	MOS
BUSK	VEGETATION
GØDNING	SKOV
VEDBEND	ROD

48 - Kunst

```
S  K  U  L  P  T  U  R  K  H  O  S  V  Y
M  A  L  E  R  I  E  R  Q  M  L  K  Q  F
X  H  D  O  S  I  M  P  E  L  A  A  S  M
P  O  E  S  I  X  V  G  E  X  I  B  U  O
K  V  M  O  R  I  G  I  N  A  L  E  R  I
O  I  N  S  P  I  R  E  R  E  T  H  R  P
M  S  E  X  K  J  H  N  V  H  B  O  E  E
P  U  Æ  R  L  I  G  U  H  G  M  V  A  R
L  E  E  Z  N  A  L  U  M  E  Z  V  L  S
E  L  T  X  B  S  O  D  A  Ø  M  Z  I  O
K  X  X  J  R  Q  O  T  R  L  R  B  S  N
S  Z  V  Q  H  R  Z  R  T  E  W  T  M  L
H  X  K  Q  U  G  S  Y  M  B  O  L  E  I
K  E  R  A  M  I  S  K  W  Z  W  L  M  G
```

UDTRYK	PERSONLIG
ÆRLIG	POESI
SIMPEL	SKILDRE
EMNE	SKABE
MALERIER	SKULPTUR
INSPIRERET	HUMØR
KERAMISK	SURREALISME
KOMPLEKS	SYMBOL
ORIGINAL	VISUEL

49 - Gewürze

```
M  L  A  K  R  I  D  S  P  V  G  R  A  F
N  U  F  I  W  T  S  D  L  Q  J  R  B  E
J  H  S  A  F  F  R  O  N  Y  O  B  Q  N
F  V  Ø  K  A  R  R  Y  K  U  D  H  S  N
I  I  D  A  A  V  A  N  I  L  J  E  M  I
N  D  L  R  N  T  F  U  Z  Y  T  I  A  K
G  L  Ø  D  I  H  N  M  I  I  Z  A  G  E
E  Ø  G  E  S  Z  B  Ø  P  E  B  E  R  L
F  G  H  M  L  S  Z  K  D  R  I  Q  P  Y
Æ  T  W  O  K  A  N  E  L  S  T  X  H  F
R  R  F  M  P  L  B  D  X  W  T  N  A  M
S  H  N  M  I  T  L  S  M  J  E  B  X  K
U  V  C  E  L  A  P  P  A  P  R  I  K  A
R  S  P  I  D  S  K  O  M  M  E  N  F  I
```

ANIS	MUSKATNØD
BITTER	PAPRIKA
KARRY	PEBER
FENNIKEL	SAFFRON
SMAG	SALT
INGEFÆR	SUR
KARDEMOMME	SØD
HVIDLØG	VANILJE
SPIDSKOMMEN	KANEL
LAKRIDS	LØG

50 - Gemüse

```
X  R  G  N  B  E  C  S  V  S  S  K  G  M
H  V  I  D  L  Ø  G  X  E  F  B  C  V  A
O  K  G  R  Æ  S  K  A  R  L  T  K  P  J
U  H  T  D  B  R  O  C  C  O  L  I  R  R
S  A  L  A  T  X  T  E  N  C  V  E  F  O
S  V  A  M  P  E  R  S  I  L  L  E  R  E
S  T  R  N  L  D  O  L  Ø  G  S  N  S  I
P  O  T  K  H  B  L  O  M  K  Å  L  L  M
I  M  I  X  L  C  I  E  A  I  J  P  V  I
N  A  S  E  M  N  V  I  N  G  E  F  Æ  R
A  T  K  G  U  L  E  R  O  D  U  S  L  Z
T  C  O  I  U  N  N  W  V  M  X  R  Y  H
Z  I  K  A  R  T  O  F  F  E  L  E  L  J  K  U
A  U  B  E  R  G  I  N  E  V  A  L  G  K
```

ARTISKOK	GRÆSKAR
AUBERGINE	OLIVEN
BLOMKÅL	PERSILLE
BROCCOLI	SVAMP
ÆRT	MAJROE
AGURK	SALAT
INGEFÆR	SELLERI
GULEROD	SPINAT
KARTOFFEL	TOMAT
HVIDLØG	LØG

51 - Katzen

```
W T Q N Y T M C W W E L B Q
Y D B N A U I P E A C K O R
N H F L Z A H P K G H K L O
Z A N O X J M U S R A Æ E L
P L N Y S G E R R I G R V E
J E H S K E H U I T L L U G
I Æ L S Ø N U M L Q I I A E
X S G S R E I U N Y L G F N
P O T E Q R G N M L L N H D
Y V G A R T O W C Q E R Æ E
P E R S O N L I G H E D N Q
V Y K J S E Z S A H D G G C
A R D O L Y F G R A U A I B
Z S I V I L D J N T O N G I
```

PELS	SOVE
GARN	HURTIG
JÆGER	GENERT
SJOV	HALE
KLO	UAFHÆNGIG
KÆRLIG	SKØR
MUS	LEGENDE
NYSGERRIG	LILLE
PERSONLIGHED	VILD
POTE	

52 - Tanzen

```
P K B E V Æ G E L S E A J K
K P U G L Æ D E L I G B J L
X W O L S J P W J H X X O A
I P A R T N E R Q B X A M S
H O P P E U N Å D E O K U S
K M T G K O R E O G R A F I
U U D T R Y K S F U L D E S
N S L R V I S U E L E E E K
S I Z T Y J J W R J G M A T
T K M U U T S Q D S E I Y P
Q C R Y S R M N B S M C C B
I G P S F P E E B K E K Y J
F Ø L E L S E L X M J G F K
T R A D I T I O N E L E E G
```

AKADEMI
NÅDE
UDTRYKSFULDE
BEVÆGELSE
KOREOGRAFI
FØLELSE
GLÆDELIG
KLASSISK
LEGEME

KULTUR
KULTUREL
KUNST
MUSIK
PARTNER
RYTME
HOPPE
TRADITIONEL
VISUEL

53 - Ernährung

```
K O I Y A V L J V Æ G T K F
A O J S F O R D Ø J E L S E
L S R U B S A U C E I E Y Y
O P W N A P P E T I T Z J Q
R I J D L R K V A L I T E T
I S B H A P R O T E I N E R
E E U E N S N V S U N D T F
R L K D C E M J W T W H O I
B I T T E R J A A A Y N K J
V G G Æ R I N G G E V V S F
H S K K E V I T A M I N I Z
U N S P T M M X J N W C N I
G N Æ R I N G S S T O F A K
L E W K U L H Y D R A T E R
```

APPETIT	VÆGT
AFBALANCERET	KALORIER
BITTER	KULHYDRATER
KOST	NÆRINGSSTOF
SPISELIG	PROTEINER
GÆRING	KVALITET
SMAG	SAUCE
SUND	TOKSIN
SUNDHED	FORDØJELSE
KORN	VITAMIN

54 - Technologie

```
T  X  B  Q  D  A  T  A  A  G  X  A  V  K
R  D  L  R  S  I  K  K  E  R  H  E  D  A
S  Y  O  J  O  C  G  F  O  N  T  C  V  M
K  S  G  W  Z  W  Z  I  A  Y  D  O  I  E
Æ  T  J  G  L  Y  S  X  T  A  V  M  R  R
R  A  T  F  J  J  I  E  G  A  Q  P  T  A
M  T  U  H  O  F  N  Y  R  V  L  U  U  U
A  I  N  T  E  R  N  E  T  B  Y  T  E  S
R  S  F  A  A  G  S  L  C  X  S  E  L  V
K  T  E  Z  H  B  F  K  H  X  J  R  R  I
Ø  I  B  E  S  K  E  D  N  A  A  W  E  R
R  K  U  M  R  M  T  Z  Z  I  O  G  S  U
S  O  F  T  W  A  R  E  I  X  N  K  Q  S
J  N  F  I  L  C  V  L  I  L  X  G  O  C
```

SKÆRM	INTERNET
BLOG	KAMERA
BROWSER	BESKED
BYTES	FONT
COMPUTER	SIKKERHED
MARKØR	SOFTWARE
FIL	STATISTIK
DATA	VIRTUEL
DIGITAL	VIRUS
FORSKNING	

55 - Wasser

```
F  R  O  S  T  K  F  U  G  T  I  G  F  C
R  N  V  T  I  A  U  V  B  B  D  V  O  E
K  K  E  G  O  M  G  E  R  Ø  K  Z  R  Q
Z  D  R  E  G  N  T  B  U  L  D  H  D  H
M  S  S  N  E  N  B  P  S  G  V  A  A  S
I  A  V  F  T  E  O  N  E  E  U  W  M  Ø
N  S  Ø  K  A  N  A  L  R  R  N  V  P  P
S  V  M  O  N  S  U  N  J  F  J  W  N  C
N  Y  M  J  M  Y  G  C  S  F  Z  X  I  Y
F  B  E  H  V  O  C  E  A  N  W  V  N  H
W  F  L  O  D  R  V  W  J  Z  R  T  G  F
S  U  S  W  H  K  U  X  F  S  F  T  M  D
R  J  E  O  Y  A  L  V  G  Q  E  V  U  J
B  N  E  D  I  N  O  U  M  R  G  R  L  J
```

DAMP	ORKAN
BRUSER	KANAL
IS	MONSUN
FUGTIG	OCEAN
FUGT	REGN
FLOD	SNE
OVERSVØMMELSE	SØ
FROST	FORDAMPNING
GEJSER	BØLGER

56 - Science Fiction

```
Q  O  S  B  J  K  G  F  Y  N  I  I  F  X
T  R  R  R  H  P  U  U  U  Z  M  S  A  F
N  A  G  I  E  L  D  T  N  D  A  C  N  E
D  C  M  Q  V  A  X  U  F  R  G  E  T  K
V  L  D  I  B  N  L  R  Y  O  I  N  A  S
U  E  J  Z  I  E  L  I  M  B  N  A  S  T
V  S  M  S  O  T  J  S  S  O  Æ  R  T  R
M  D  B  Ø  G  E  R  T  U  T  R  I  I  E
V  Y  A  W  R  O  A  I  M  T  I  E  S  M
E  S  S  B  A  S  G  S  L  E  O  S  K  C
R  T  V  T  F  R  D  K  K  R  V  P  K  G
D  O  V  C  I  B  R  A  N  D  Z  U  I  W
E  P  N  E  K  S  P  L  O  S  I  O  N  W
N  I  L  B  T  Y  K  G  A  L  A  K  S  E
```

BØGER	IMAGINÆR
DYSTOPI	BIOGRAF
EKSPLOSION	ORACLE
EKSTREM	PLANET
FANTASTISK	REALISTISK
BRAND	ROBOTTER
FUTURISTISK	SCENARIE
GALAKSE	UTOPI
MYSTISK	VERDEN

57 - Haustiere

```
H K Y P K A J M A P K H A E
X L H R X H V A L P R A H Q
X Ø G S B A A F X O A M A D
X E E G O L N B I P V S J D
K R D M G E D I F S E T F Y
A H Q V B B T P U S K E S R
T K A O C P J S E N K R N L
S K I L D P A D D E O H O Æ
K I Q L E D C O Z Q M U R G
N A G F L J F I R B E N Q E
Q L N M A I S B U C U D E X
M O I I V G N Z O H Q M C G
K E I E N O N G J M U S Q E
Y P A P E G Ø J E T Y F K J
```

FIRBEN

MAD

FISK

HAMSTER

KANIN

HUND

KAT

KILLING

KRAVE

KLØER

KO

SNOR

MUS

PAPEGØJE

SKILDPADDE

HALE

DYRLÆGE

VAND

HVALP

GED

58 - Geburtstag

```
D Q T N U X S Z K I V S C K
S Q E Q V U J Q E N I T K A
O R V N M P O J J V S I Æ L
Y R F E S T V H C I D V L E
P M S Ø X K P R P T O E D N
G B M G D K A G E A M N R D
T G S P J T K O R T G N E E
E S Æ R L I G L H I Å E F R
T J J T H D I E Q O J R U T
B X F S F Q D Y Q N B J N O
Q W G L A D A E Q E I N R R
C Y A U U N G E O R E X V W
X M V T H Z G L Æ D E L I G
S T E A R I N L Y S D P G S
```

ÆLDRE   KALENDER
INVITATIONER   KORT
FEST   STEARINLYS
GLÆDELIG   KAGE
VENNER   SANG
FØDT   SJOV
GAVE   SÆRLIG
GLAD   DAG
ÅR   VISDOM
UNGE   TID

59 - Literatur

```
B  D  J  O  D  R  Y  T  M  E  E  V  H  K
F  I  K  T  I  O  N  P  E  R  A  Y  Y  T
D  G  O  T  J  M  R  P  T  Q  N  Z  Q  Q
I  T  O  G  J  A  T  R  A  G  E  D  I  E
A  G  S  X  R  N  S  H  F  D  K  C  P  T
L  N  T  H  Z  A  X  Y  O  K  D  K  O  Y
O  N  A  L  U  F  F  A  R  O  O  E  E  Z
G  B  T  L  V  H  P  I  N  W  T  Y  T  K
S  N  W  N  Y  Z  P  F  A  A  E  S  I  T
N  J  N  I  C  S  T  I  L  Q  L  N  S  C
K  S  C  I  I  T  E  M  A  Z  V  O  K  L
E  F  O  R  T  Æ  L  L  E  R  H  M  G  A
Q  T  M  R  I  M  R  N  D  Y  J  T  D  I
K  O  N  K  L  U  S  I  O  N  U  L  E  D
```

ANALOGI	POETISK
ANALYSE	RIM
ANEKDOTE	RYTME
BIOGRAFI	ROMAN
DIALOG	KONKLUSION
FORTÆLLER	STIL
FIKTION	TEMA
DIGT	TRAGEDIE
METAFOR	

60 - Wandern

```
E B G K B A E P E W V F K G
B R H L E Q B H Y Z I O T M
D Y F I I V G Z P N L R R R
E C A N K U R R P M D B X O
L J R T D L I F N N V E J R
V G E R Q L I D Z U E R T S
Z A R Æ T O P M Ø D E E U O
I S N T D Y A U A N X D N L
N F F D Y R R W R V B E G U
R A S P E Z K E K R S L A J
S S T Ø V L E R O Y K S S G
O Q E U H R R A R B J E R G
Y M N O R I E N T E R I N G
C A M P I N G Q U H K G O I
```

BJERG	PARKER
CAMPING	TUNG
FARER	SOL
TOPMØDE	STEN
KORT	STØVLER
KLIMA	DYR
KLINT	FORBEREDELSE
TRÆT	VAND
NATUR	VEJR
ORIENTERING	VILD

61 - Länder #2

```
J A M A I C A B R C V V A U
R G R Æ K E N L A N D V L K
Z Y P K Z M L E K F E H B E
N I G E R I A T P R R P A N
M V C W X R O I J A P A N Y
P E K Q E L S O N N L K I A
Z Z X Z C A U P V K I I E I
S Y R I E N D I G R B S N N
E X B T C D A E Q I E T Y P
H A I T I O N N H G R A S M
U G A N D A U K R A I N E S
R U S L A N D Y R C A U O L
Y U Z U I V C W R D E W S V
Q S Q X P U P C R L G U U N
```

ALBANIEN
ETIOPIEN
FRANKRIG
GRÆKENLAND
HAITI
IRLAND
JAMAICA
JAPAN
KENYA
LAOS

LIBERIA
MEXICO
NEPAL
NIGERIA
PAKISTAN
RUSLAND
SUDAN
SYRIEN
UGANDA
UKRAINE

62 - Fahrzeuge

```
Z  R  I  X  F  Y  C  D  K  D  T  T  H  Q
T  U  C  A  P  L  Y  Y  P  Æ  A  Ø  E  L
W  S  C  E  B  B  Y  P  K  K  X  M  L  A
A  M  B  U  L  A  N  C  E  E  A  M  I  S
B  I  L  U  B  Å  D  L  R  Y  L  E  K  T
T  O  G  O  S  R  F  U  A  U  T  R  O  B
F  S  X  V  I  K  Z  S  K  I  R  F  P  I
I  B  Z  B  Z  U  E  H  E  B  A  L  T  L
T  G  V  Q  H  M  D  B  T  Å  K  Å  E  O
Q  F  S  C  O  O  T  E  R  D  T  D  R  U
F  Æ  R  G  E  T  P  T  G  Q  O  E  M  T
H  E  G  X  E  O  U  G  R  R  R  I  D  O
W  G  X  L  M  R  N  V  L  X  I  K  E  G
V  A  N  C  A  M  P  I  N  G  V  O  G  N
```

BIL	MOTOR
BÅD	RAKET
BUS	DÆK
CYKEL	SCOOTER
FÆRGE	TAXA
TØMMERFLÅDE	TRAKTOR
FLY	UBÅD
HELIKOPTER	VAN
AMBULANCE	CAMPINGVOGN
LASTBIL	TOG

63 - Badezimmer

```
P  T  L  V  A  N  D  H  A  N  E  U  H  H
X  J  Æ  O  O  E  Z  P  N  V  C  E  U  Å
H  T  W  P  T  O  I  L  E  T  B  X  A  N
S  Æ  B  E  P  I  M  B  S  V  A  M  P  D
T  N  R  D  X  E  O  M  W  A  D  S  S  K
R  K  U  R  Q  R  P  N  K  N  M  R  H  L
E  O  S  M  K  A  H  M  R  D  Y  Z  A  Æ
S  G  E  X  F  D  A  M  P  D  X  I  M  D
J  A  R  B  C  R  Z  S  P  E  J  L  P  E
W  R  K  B  O  B  L  E  R  U  B  H  O  M
Q  M  Y  S  X  O  V  B  O  I  O  E  O  L
F  T  T  K  P  S  J  Y  S  F  U  J  B  Y
X  D  C  P  H  G  S  E  G  V  A  T  B  B
Z  O  P  A  R  F  U  M  E  O  N  D  A  L
```

BAD	SVAMP
BOBLER	SÆBE
DAMP	SHAMPOO
BRUSER	SPEJL
HÅNDKLÆDE	TÆPPE
LOTION	TOILET
PARFUME	VAND
SAKS	VANDHANE

64 - Musikinstrumente

```
T G G H C E L L O Y C M T K
A S A X O F O N T B B A R L
M M T W H Y G O A R O N O A
B A S U N G O N G P F D M V
U I E H A V I O L I N O M E
R U F A G O T F W B V L E R
I G T R P E R K U S S I O N
N U R M Q G C L Z R T N B R
F I O O G L H A J C F Z P R
L T M N D M A R I M B A J K
Ø A P I Q B R I B A N J O Z
J R E K Z M P N I E E B U L
T U T A D I E E T E C K V D
E N I W N N O T K A V X F C
```

BANJO	MANDOLIN
CELLO	MARIMBA
FAGOT	HARMONIKA
FLØJTE	OBO
VIOLIN	BASUN
GUITAR	SAXOFON
GONG	PERKUSSION
HARPE	TAMBURIN
KLARINET	TROMME
KLAVER	TROMPET

65 - Blumen

```
P  V  S  B  B  J  A  S  M  I  N  L  Z  B
M  A  Z  E  Q  P  V  Y  O  R  K  I  D  E
Æ  L  S  G  A  R  D  E  N  I  A  L  G  R
L  M  O  S  T  U  L  I  P  A  N  J  S  Q
K  U  M  H  I  B  I  S  C  U  S  E  V  T
E  E  Y  K  R  O  N  B  L  A  D  M  C  S
B  G  L  L  O  I  N  B  I  E  P  T  B  I
Ø  S  L  Ø  S  J  X  F  L  F  K  M  U  C
T  T  J  V  E  J  S  O  L  S  I  K  K  E
T  J  Q  E  R  Y  B  M  A  O  P  Y  E  L
E  K  C  R  D  A  I  S  Y  C  W  Æ  T  Y
M  A  G  N  O  L  I  A  E  P  I  E  O  M
L  A  V  E  N  D  E  L  M  D  C  A  R  N
S  E  P  L  U  M  E  R  I  A  A  C  O  O
```

KRONBLAD	MAGNOLIA
GARDENIA	VALMUE
DAISY	ORKIDE
HIBISCUS	PASSIONFLOWER
JASMIN	PÆON
KLØVER	PLUMERIA
LAVENDEL	ROSE
LILLA	SOLSIKKE
LILJE	BUKET
MÆLKEBØTTE	TULIPAN

66 - Natur

```
S  K  Ø  N  H  E  D  A  R  K  T  I  S  K
F  R  E  D  F  Y  L  D  T  E  O  M  Y  B
E  R  O  S  I  O  N  S  P  H  P  Z  U  D
D  Y  N  A  M  I  S  K  A  V  O  A  S  G
P  V  V  J  L  R  P  Y  E  X  J  A  B  N
R  O  L  T  H  V  F  E  X  O  S  F  J  O
D  U  R  J  M  G  I  R  R  T  Å  G  E  T
V  H  E  R  T  A  L  B  S  Q  Ø  R  T
Q  M  W  L  U  R  L  Ø  D  K  B  R  G  I
Q  V  I  D  G  D  O  V  F  O  I  E  E  Q
F  C  A  Y  L  Y  N  P  O  V  E  N  W  N
K  L  F  R  E  D  E  L  I  G  R  D  Q  I
J  E  O  I  W  G  L  E  T  S  J  E  R  J
S  G  F  D  Ø  R  K  E  N  D  K  Z  H  F
```

ARKTISK	AFGØRENDE
BJERGE	TÅGE
BIER	SKØNHED
DYNAMISK	DYR
EROSION	TROPISK
FLOD	SKOV
FREDELIG	VILD
GLETSJER	SKYER
FREDFYLDTE	ØRKEN
LØV	

67 - Urlaub #2

```
L V T A K R X V M W V Z U R
L U T B O P J P W A I P D E
A V F U R K M O O D S Q L S
K M F T T E L T E E U P Æ T
S I W A H O T E L S M Ø N A
T O G X A A F E E T Y N D U
R N C A V Z V E V I Y O I R
A F A K J V V N B V Y N A A
N V M P A S C T T A U M G N
D J P R E J S E W T T W G T
F R I T I D F E R I E O P Z
J J N H T I L Z T O Z L C S
I B G U D E N L A N D S K E
X T Z A T R A N S P O R T D
```

UDLÆNDING	RESTAURANT
UDENLANDSK	STRAND
CAMPING	TAXA
LUFTHAVN	TRANSPORT
FRITID	FERIE
HOTEL	VISUM
KORT	TELT
HAV	DESTINATION
PAS	TOG
REJSE	

68 - Zirkus

```
P  R  X  A  Q  T  I  L  S  K  U  E  R  I
A  Z  F  K  K  U  T  M  U  T  R  I  C  K
R  D  Y  R  U  H  T  U  Q  J  U  S  W  V
A  S  J  O  X  V  I  S  E  K  N  P  O  W
D  H  S  B  M  A  G  I  G  L  D  E  Y  H
E  C  S  A  C  N  E  K  J  O  E  K  Z  W
A  B  E  T  B  K  R  H  I  V  R  T  T  X
U  M  L  G  K  A  E  T  I  N  H  A  L  E
E  J  E  F  Q  B  L  Ø  V  E  O  K  S  H
F  Z  F  M  B  I  L  L  E  T  L  U  H  P
H  N  A  D  S  J  T  X  O  D  D  L  X  C
J  O  N  G  L  Ø  R  X  T  N  E  Æ  J  Z
S  N  T  E  L  T  Q  M  R  C  E  R  V  M
K  O  S  T  U  M  E  A  Y  B  R  R  A  G
```

ABE	MUSIK
AKROBAT	PARADE
BALLONER	SPEKTAKULÆR
KLOVN	DYR
ELEFANT	TIGER
BILLET	TRICK
JONGLØR	UNDERHOLDE
KOSTUME	VISE
LØVE	TELT
MAGI	TILSKUER

69 - Barbecues

```
B Ø R N Y R S A L A T E R F
Y F V M Y Q F A M I L I E R
T J A K Z P W C L J Z S G U
K Y L L I N G L S T X A M G
U T D S T Z K M P H G U C T
S O M M E R Q A I E E C M O
M U S I K N P D L D B E L S
T G R I L L Q L Q Z D E Q F
G A F L E R L A K K D A R R
E V X V P X D V B N D B G O
J K L V X Y B N R I T X L K
F F Z T N P O I Z V N X H O
H K Q U E C Q N K E B F E S
G R Ø N T S A G E R S U L T
```

MIDDAG	MADLAVNING
FAMILIE	KNIVE
FRUGT	FROKOST
GAFLER	MUSIK
GRØNTSAGER	PEBER
GRILL	SALATER
HED	SALT
KYLLING	SOMMER
SULT	SAUCE
BØRN	SPIL

70 - Küche

```
S O M A D S I K V S F C I V
K P L R A V J R Y K R U H W
Å S I C K A N D E E Y W O L
L K C S T M F S I E S D I W
F R G S E P M O K R E S E Z
K I V A Y P S I R E R L R S
T F T M F Y I S Y K U B W L
M T Z H A L O N D E L O H E
F Q K O P P E R D D O Æ B V
S E R V I E T R E E V I D V
K N I V E F K I R L N R D E
K Ø L E S K A B I G R I L L
D O F L G T O I E V V A C M
W N M L M N K V R V P J C L
```

MAD	KNIVE
SPISEPINDE	OVN
GAFLER	OPSKRIFT
FRYSER	FORKLÆDE
KRYDDERIER	SKÅL
GRILL	SVAMP
SLEV	SERVIET
KANDE	KOPPER
KØLESKAB	KEDEL
SKEER	

71 - Schach

```
S  T  D  P  I  P  O  M  T  T  Q  X  W  S
K  D  K  F  I  A  T  O  D  U  T  D  Z  O
O  O  F  R  E  S  Z  D  C  R  G  M  O  R
N  S  N  X  L  S  X  S  H  N  N  R  H  T
G  I  Z  K  K  I  J  T  A  E  Y  S  D  Q
E  B  H  O  U  V  G  A  M  R  T  T  R  J
S  P  I  L  L  R  Q  N  P  I  H  R  O  Q
S  P  I  L  L  E  R  D  I  N  J  A  N  H
H  V  I  D  D  G  Y  E  O  G  E  T  N  E
A  Q  U  C  P  L  Z  R  N  R  D  E  I  Q
O  R  N  X  S  E  W  X  P  C  V  G  N  Y
L  U  S  X  J  R  B  X  T  W  E  I  G  T
Q  N  D  I  A  G  O  N  A  L  X  L  C  I
Q  Z  V  Z  S  F  J  A  C  H  N  C  C  D
```

CHAMPION	SORT
DIAGONAL	SPIL
MODSTANDER	SPILLER
KONGE	STRATEGI
DRONNING	TURNERING
OFRE	HVID
PASSIV	KONKURRENCE
REGLER	TID

72 - Erhaltung

```
Z  C  J  L  O  H  E  Z  L  V  Z  U  U  Z
F  B  W  S  U  J  Y  G  R  A  E  T  D  A
O  Æ  R  K  N  U  T  P  U  N  U  A  A  N
R  R  E  D  U  C  E  R  E  D  R  A  K  F
U  E  N  A  T  U  R  L  I  G  O  O  L  R
R  D  K  E  M  I  K  A  L  I  E  R  I  I
E  Y  D  N  Ø  K  O  S  Y  S  T  E  M  V
N  G  H  A  B  I  T  A  T  H  N  L  A  I
I  T  G  E  N  B  R  U  G  E  O  J  S  L
N  I  R  Q  E  N  C  Y  K  L  U  S  U  L
G  G  Ø  D  Q  P  E  S  T  I  C  I  D  I
V  C  N  U  Ø  K  O  L  O  G  I  S  K  G
M  I  L  J  Ø  M  Æ  S  S  I  G  G  Y  O
J  E  S  U  N  D  H  E  D  E  B  T  G  X
```

UDDANNELSE
KEMIKALIER
FRIVILLIG
SUNDHED
GRØN
KLIMA
HABITAT
BÆREDYGTIG
NATURLIG

ØKOLOGISK
ØKOSYSTEM
PESTICID
GENBRUGE
REDUCERE
MILJØMÆSSIG
FORURENING
VAND
CYKLUS

73 - Geographie

```
I  H  S  T  R  W  U  Y  M  S  N  T  D  B
T  Ø  H  M  E  R  I  D  I  A  N  I  V  M
B  J  E  R  G  R  I  Æ  K  V  A  T  O  R
D  D  O  B  I  P  R  B  K  O  R  T  N  U
I  E  X  R  O  K  Q  I  E  Q  X  U  O  W
B  Y  V  E  N  A  J  N  T  N  V  A  R  E
F  M  A  D  D  E  V  H  L  O  Ø  A  D  H
R  X  C  D  H  M  G  W  A  C  R  N  R  T
J  Q  T  E  L  D  P  D  N  E  H  I  K  U
H  A  V  G  U  Y  I  T  D  A  M  I  U  A
F  T  L  R  K  O  N  T  I  N  E  N  T  M
C  L  H  A  L  V  K  U  G  L  E  Q  J  F
Q  A  O  D  V  E  S  T  V  E  R  D  E  N
J  S  R  D  W  D  H  X  F  O  A  Z  T  P
```

ATLAS	LAND
ÆKVATOR	HAV
BJERG	MERIDIAN
BREDDEGRAD	NORD
FLOD	OCEAN
TERRITORIUM	REGION
HALVKUGLE	BY
HØJDE	VERDEN
KORT	VEST
KONTINENT	

74 - Zahlen

```
Q U S Y V Q X C K W Y C G C
C I X Y L I Z T B E D T R E
K H K T T Y V E U R B R P B
E R F D O T O L V L T E K C
D R E E L Z E G X Y Q T A F
F W M C M C U N U L U T Y J
I Z T I S E K S T E N E J O
R E E M G F S O T T E N Y R
E P N A Y O R E I L P I H T
F E Y L F A U A K N L T H E
H O Y B N I E T S S A T T N
S L Q D O D E T C H C E Q B
J V P T N C J E E G E N W G
E R C H F Z F N O U L Q W R
```

OTTE	SEKS
ATTEN	SEKSTEN
DECIMAL	SYV
TRE	SYTTEN
TRETTEN	FIRE
FEM	FJORTEN
FEMTEN	TI
NI	TYVE
NITTEN	TO
NUL	TOLV

75 - Kunst Liefert

```
B M R I D E E R S O N F B Y
L Z N N C L H P T L D A L G
Æ I T M A D J A O I F R Y T
K O M S W J R P L E D V A P
K R E A T I V I T E T E N T
I M C K R A V R P A A R T P
K R H R Æ E F L V V B T E Z
A Z E Y K O A F E M E R R L
M R G L U L N I E R L V D K
E S F W L Y D Y E L K A A H
R B Ø R S T E R V H I N K B
A U U P V I S K E L Æ D E R
D D I Y U Z G C X H B X L U
V D M Q X C N B C J X V M X
```

AKRYL
BLYANTER
BØRSTER
FARVER
TRÆKUL
IDEER
KAMERA
KREATIVITET
LIM

OLIE
PAPIR
VISKELÆDER
STAFFELI
STOL
TABEL
BLÆK
LER
VAND

76 - Tage und Monate

```
N  T  F  E  B  R  U  A  R  S  S  F  T  G
I  O  N  S  D  A  G  S  E  E  Ø  R  Q  N
Å  R  V  D  U  H  E  A  R  P  N  E  B  G
J  S  A  E  X  Q  G  U  O  T  D  D  Q  A
L  D  M  C  M  W  T  W  K  E  A  A  D  I
F  A  C  E  Å  B  B  T  T  M  G  G  J  P
H  G  E  M  N  H  E  I  O  B  R  H  A  U
S  P  C  B  E  U  U  R  B  E  K  I  U  P
J  F  R  E  D  L  A  S  E  R  B  E  G  W
U  A  X  R  H  I  V  D  R  R  C  G  U  C
N  E  N  L  Ø  R  D  A  G  E  P  J  S  P
I  Q  J  U  L  I  D  G  D  R  G  L  T  C
S  U  Y  D  A  K  A  L  E  N  D  E  R  Q
W  L  Q  B  Z  R  M  A  N  D  A  G  C  A
```

AUGUST	KALENDER
DECEMBER	ONSDAG
TIRSDAG	MÅNED
TORSDAG	MANDAG
FEBRUAR	NOVEMBER
FREDAG	OKTOBER
ÅR	LØRDAG
JANUAR	SEPTEMBER
JULI	SØNDAG
JUNI	UGE

77 - Piraten

```
A R H U Q Y F L A G S H C M
N M U U X E W H M S L K F Ø
K M L E Z S P Y M T H O A N
E V E N T Y R E L R B M R T
R T H G C P M K A A X P E E
P X L Z Y A Y A C N O A Q R
T A M Y N P G P N D T S Ø L
E M Y R U E T T L D J S C V
D Å R L I G G A O Q S D Y N
L L B B R Ø G J B U G K O M
E G C C W J G N X R S O A V
S V Æ R D E W U V O A R G B
S O A E C S T N L M G T I V
D R H O U R Z O Q D N V B N
```

EVENTYR	SAGN
ANKER	MØNTER
MANDSKAB	AR
FLAG	PAPEGØJE
FARE	ROM
GULD	SKAT
HULE	DÅRLIG
KAPTAJN	SVÆRD
KORT	STRAND
KOMPAS	

78 - Emotionen

```
K  T  W  V  Ø  I  U  E  V  D  E  R  F  T
Æ  I  S  Y  M  P  A  T  I  R  I  E  R  A
R  L  D  K  H  O  M  D  R  O  E  Y  E  K
L  F  F  W  E  S  Q  C  Z  B  Y  D  D  N
I  R  I  N  D  H  O  L  D  Q  G  V  E  E
G  E  U  L  M  P  E  R  E  L  I  E  F  M
H  D  E  I  V  R  I  K  G  V  K  N  R  M
E  S  N  G  Y  P  Y  F  I  R  P  L  Y  E
D  R  O  L  I  G  B  G  D  F  O  I  G  L
G  L  Æ  D  E  L  W  P  J  C  H  G  T  I
A  F  S  L  A  P  P  E  T  W  M  H  I  G
G  L  K  E  D  S  O  M  H  E  D  E  U  Y
X  O  M  Y  L  I  T  M  J  B  D  D  F  H
O  V  E  R  R  A  S  K  E  L  S  E  R  F
```

FRYGT	RELIEF
FLOV	RO
TAKNEMMELIG	ROLIG
AFSLAPPET	SYMPATI
GLÆDE	SORG
VENLIGHED	OVERRASKELSE
FRED	VREDE
INDHOLD	ØMHED
KEDSOMHED	TILFREDS
KÆRLIGHED	

79 - Zu Füllen

```
F S S K Q G B F D H R J D B
L Z V K R K Z U S O X D I A
Y Y B U U S K U V E R T Y K
M E F R T F L W A H A Ø J K
F M R V M O F Z S T T N R E
C C N Q F L M E E K V D Y T
Q O K Q L D K L O M M E F W
A B V E A E T R S W Z J G K
N P H I S R R Q P G K F S A
K R U K K E P B A A D C A R
K A S S E O W O N E K R T T
K U F F E R T B D A P K G O
F U X W Y M R E B O K S E N
B A S S I N X J Y N W H X L
```

BASSIN	KRUKKE
BOKS	FOLDER
SPAND	PAKKE
TØNDE	RØR
FLASKE	SKUFFE
KARTON	BAKKE
KASSE	LOMME
KUFFERT	KUVERT
KURV	VASE

80 - Surfen

```
N L P J X R P G M R H O N I
B E G Y N D E R C R A C P O
A T L E T Q D Y W K S E M J
W M X W S T Y R K E T A X S
Q S B U T J Q U M K I N F K
V E J R I E O C H S G W T U
Y Y F S L I G V G T H C C M
U X M P O P U L Æ R E V H A
S P R A Y B Ø L G E D G A V
G M K D Q N G W H M H D M E
J O S L E H I J S B K X P Q
C R I E R V R S F T B G I G
D H E J Y Y H H L P T Y O W
Q Q M S C E E S S T R A N D
```

BEGYNDER
ATLET
POPULÆR
CHAMPION
EKSTREM
HASTIGHED
MAVE
OCEAN
PADLE

REV
SKUM
SJOV
SPRAY
STYRKE
STIL
STRAND
BØLGE
VEJR

81 - Möbel

```
A  J  L  R  D  U  A  W  J  U  H  F  L  S
R  V  A  S  T  O  L  B  Q  N  O  U  P  K
M  W  M  P  N  L  Y  B  Æ  I  R  T  M  R
O  S  P  E  R  Æ  W  T  Y  N  B  O  J  I
I  S  E  J  N  N  H  G  Q  Q  K  N  H  V
R  E  E  L  N  E  K  M  A  D  R  A  S  E
E  K  U  N  C  S  O  F  A  X  H  J  Z  B
L  A  E  G  G  T  M  T  Æ  P  P  E  N  O
U  L  J  L  X  O  M  P  E  G  X  T  Y  R
Z  I  K  K  T  L  O  V  U  U  A  R  H  D
H  Y  L  D  E  R  D  C  T  D  L  E  M  K
R  C  H  Æ  N  G  E  K  Ø  J  E  O  Z  F
F  U  Z  Q  R  P  Z  O  O  O  K  L  B  T
P  C  C  X  G  A  R  D  I  N  E  R  T  Y
```

BÆNK	MADRAS
SENG	HYLDER
REOL	ARMOIRE
SOFA	SKRIVEBORD
FUTON	LÆNESTOL
HÆNGEKØJE	SPEJL
PUDE	STOL
KOMMODE	TÆPPE
LAMPE	GARDINER

82 - Kräuterkunde

```
A B H I R M E G H B P X X B
R A V N O K S M A G D F J G
O S I H S T T B V V I K O R
M I D P M Q R M E I N U Q Ø
A L L E A S A E F N D L T N
T I Ø R R N G R E G B I I E
I K G S I L O I N R B N M G
S U Y I N W N A N E B A I F
K M P L B T R N I D Z R A P
E B Q L O L O T K I D I N J
P J X E N S O M E E I S L F
S A F F R O N M L N L K S F
L A V E N D E L S S D E G Q
K V A L I T E T O T L H B E
```

AROMATISK   KULINARISK
BASILIKUM   LAVENDEL
BLOMST   MERIAN
DILD   PERSILLE
ESTRAGON   KVALITET
FENNIKEL   ROSMARIN
HAVE   SAFFRON
SMAG   TIMIAN
GRØN   GAVNLIG
HVIDLØG   INGREDIENS

83 - Tugenden #1

```
R  C  K  C  V  E  U  A  N  T  A  D  M  U
E  H  U  N  Q  F  L  F  L  Y  K  R  H  P
N  A  N  X  Y  F  Y  G  I  P  T  E  U  J
B  R  S  P  I  E  U  Ø  D  F  T  T  J  V
E  M  T  I  U  K  Q  R  E  Z  K  K  I  R
S  E  N  P  A  T  I  E  N  T  Z  H  N  G
K  R  E  R  F  I  S  N  S  J  O  V  Y  O
E  E  R  A  H  V  I  D  K  C  V  X  S  D
D  N  I  K  Æ  O  K  E  A  L  S  N  G  T
E  D  S  T  N  N  K  S  B  R  O  P  E  V
N  E  K  I  G  H  E  U  E  A  V  G  R  U
R  D  S  S  I  X  R  B  L  P  R  R  R  S
L  E  W  K  G  P  Å  L  I  D  E  L  I  G
G  E  N  E  R  Ø  S  B  G  A  N  K  G  G
```

BESKEDEN
CHARMERENDE
EFFEKTIV
AFGØRENDE
PATIENT
GENERØS
GODT
NYTTIG
SJOV

KUNSTNERISK
LIDENSKABELIG
NYSGERRIG
PRAKTISK
REN
UAFHÆNGIG
KLOG
PÅLIDELIG
SIKKER

84 - Aktivitäten und Freizeit

```
T  T  Y  U  U  I  B  A  S  E  B  A  L  L
C  E  N  T  R  T  F  O  D  B  O  L  D  N
Y  N  E  L  V  V  A  W  K  K  G  R  Y  Y
W  N  G  R  I  W  U  V  A  S  G  A  K  K
H  I  D  K  G  H  R  S  F  V  N  C  N  M
S  S  U  R  F  I  N  G  S  O  B  I  I  V
F  I  S  K  E  R  I  S  L  L  S  N  N  R
M  S  B  G  H  E  V  V  A  L  H  G  G  G
G  A  Q  N  C  J  N  Ø  P  E  O  M  C  I
J  O  L  I  G  S  N  M  P  Y  P  L  I  R
V  J  L  E  N  E  F  N  E  B  P  X  O  Y
V  O  F  F  R  J  R  I  N  A  I  G  E  N
K  U  N  S  T  I  G  N  D  L  N  O  A  L
C  A  M  P  I  N  G  G  E  L  G  U  Q  Y
```

FISKERI	KUNST
BASEBALL	REJSE
BOKSNING	RACING
CAMPING	SVØMNING
SHOPPING	SURFING
AFSLAPPENDE	DYKNING
FODBOLD	TENNIS
MALERI	VOLLEYBALL
GOLF	

85 - Formen

```
G P T R E K A N T K U R V E
Q Z Y E L O J P N R O V A L
U Q M R R A T G B X N K R L
S I D E A N S I B S J E E I
W S R M H M I R U N D G K P
P R I S M E I N E G L L T S
K Y E H A Y Z D G C E E A E
S A C Y L I N D E R J F N C
V E N P O L Y G O N P I G I
H N A T Z K Y S N B S R E R
N F I B E Z L I N J E K L K
N V H C Q R O L S G M A E E
H J Ø R N E V I R M B N G L
H Y P E R B O L A Z E T C L
```

BUE	OVAL
TREKANT	POLYGON
HJØRNE	PRISME
ELLIPSE	PYRAMIDE
HYPERBOLA	FIRKANT
KANTER	REKTANGEL
KEGLE	RUND
CIRKEL	SIDE
KURVE	TERNING
LINJE	CYLINDER

86 - Adjektive #2

```
B E S K R I V E N D E K D Z
S T Æ R K E H R Z X D E R T
I Z V D S P I S E L I G A A
N A T U R L I G U W X W M U
T G A K P P X Z D N E Z A T
E S N F E J C T F K D N T E
R S S B E R Ø M T R D Y I N
E A V S E W B A N E I Z S T
S L A U O L Z K B A S S K I
S T R L H T E T W T A T K S
A E L T E R N G R I A O U K
N T I E H K T R A V I L D A
T D G N O R M A L N Q T N B
P R O D U K T I V Y T W A G
```

AUTENTISK	KREATIV
BERØMT	NATURLIG
BESKRIVENDE	NY
DRAMATISK	NORMAL
ELEGANT	PRODUKTIV
SPISELIG	SALTET
FRISK	STÆRK
SUND	STOLT
SULTEN	ANSVARLIG
INTERESSANT	VILD

87 - Kleidung

```
J A K K E F O R K L Æ D E K
M O D E H A N D S K E R M R
L O J E A N S A J U O V D S
M Z V U L T Ø R K L Æ D E K
E V P A S W T M O D B N P J
U U H T K J O B U K S E R O
G H S U Æ Z E Å L X M D X R
I P P H D Z A N S M Z E S T
F Q Y L E D E D W T R R W E
D R J F I Y B L U S E D E W
E H A T J A Æ G T K U E A N
N X M K J O L E A O D L T H
O T A W K G T S M Y K K E R
K O S M C E E D S V T E R E
```

ARMBÅND   KJOLE
BLUSE   FRAKKE
BÆLTE   MODE
HALSKÆDE   SWEATER
HANDSKER   NEDERDEL
SKJORTE   TØRKLÆDE
BUKSER   PYJAMAS
HAT   SMYKKER
JAKKE   SKO
JEANS   FORKLÆDE

88 - Sommer

```
F A S T R A N D Z R V E S K
A F Y P S T J E R N E R A C
M S C L I A A K I V N J Q E
I L L C Q L H A V M N M S X
L A S A N D A L E R E U A E
I P G M O Y V V X T R S W D
E N L P I K E B S D A I H S
D I Æ I K N X Q B L B K Z D
Q N D N A I Y Q F R I T I D
Z G E G Y N M I N D E R H J
R P N B Ø G E R F E R I E C
X J U N R K J N B J F D H D
K M A S W C P P Y V A E A P
E X K J I M B N T S E F W F
```

BØGER	HAV
CAMPING	MUSIK
AFSLAPNING	REJSE
MINDER	SANDALER
MAD	SPIL
FAMILIE	STJERNER
FRITID	STRAND
GLÆDE	DYKNING
VENNER	FERIE
HAVE	

89 - Farben

```
B D A G B R U N F A Y H I H
C G U L E Ø L Y A D F G Q I
E R M A I D A D R T I M X I
A Ø I V G Q U N B J Z P M N
O N Z M E U F T K A E N M D
O U J D S B V U H G R Å A I
R R B V W O S P C R J W G G
S E P I A R N W Y H F Y E O
O H N O Y B T F A N S C N P
R L B L Å O R A N G E I T I
T I D E Z Z D Z C O H G A N
D L I T H D J U P Q C V K K
Z L U W M E Y R L T G N I Q
G A W K R K U E Z D J R M D
```

AZUR	MAGENTA
BEIGE	ORANGE
BLÅ	CRIMSON
BRUN	PINK
FUCHSIA	RØD
GUL	SORT
GRÅ	SEPIA
GRØN	VIOLET
INDIGO	HVID
LILLA	CYAN

90 - Haus

```
V B S M K Ø K K E N H T A F
Y I O Q J M D O R J A S N N
R B N J D Ø R U S K V O X H
T L V D O B C R S T E V I P
A I Æ L U L A M P E P E J S
G O G O P E N X E V J V I K
Q T T F N R N N J N V Æ T O
D E C T T L O E L B E R E R
M K H S L Q G G V A B E M S
Y Z E R J O M H Q O W L N T
D F G U A A F K N F Z S P E
C L N M L B Q T L T I E F N
M M O O G A R A G E T B K D
G B R U S E R V Æ R E L S E
```

KOST	KØKKEN
BIBLIOTEK	LAMPE
TAG	MØBLER
LOFTSRUM	SOVEVÆRELSE
LOFT	SKORSTEN
BRUSER	SPEJL
VINDUE	DØR
GARAGE	VÆG
HAVE	HEGN
PEJS	VÆRELSE

91 - Bauernhof #1

```
T  M  H  E  G  N  K  M  Q  I  K  A  T  D
L  A  N  D  B  R  U  G  E  D  A  F  R  O
S  R  J  W  I  H  X  K  Y  L  L  I  N  G
V  K  P  N  J  E  W  K  Æ  O  V  V  I  L
I  G  P  V  A  N  D  R  S  Z  X  U  U  K
N  P  L  U  H  E  A  A  E  Q  P  S  E  B
H  C  G  A  U  Q  O  G  L  H  K  R  O  U
D  J  H  Ø  N  R  Z  E  P  D  I  I  R  B
Z  W  C  O  D  D  H  O  N  N  I  N  G  U
N  G  Z  U  H  N  W  W  Y  D  S  D  D  C
N  V  N  Q  V  H  I  K  C  K  R  F  G  H
B  X  U  Q  Q  C  E  N  B  E  I  D  I  G
K  I  B  M  Y  S  Q  S  G  Z  S  K  O  G
U  A  X  O  C  M  A  Y  T  V  D  J  O  A
```

BI	KRAGE
GØDNING	KO
ÆSEL	LAND
MARK	LANDBRUG
HØ	HEST
HONNING	RIS
KYLLING	SVIN
HUND	VAND
KALV	HEGN
KAT	GED

92 - Berufe #1

```
R M A M B A S S A D Ø R E K
E E D G U L D S M E D C W A
V K V P J S P D A N S E R R
I A O H Æ W I R Y R N K E T
S N K R G V A K G T S X N O
O I A P E Y N F E J C Q Q G
R K T P R P I M W R D E W R
Y E D M S A S T R O N O M A
I R Z E E Y T G E O L O G F
T R Æ N E R K U N S T N E R
D Y R L Æ G E O S R J T C W
M F C K W T Q E L Æ G E G D
F B A N K M A N D O S O R F
B L I K K E N S L A G E R L
```

LÆGE	KUNSTNER
ASTRONOM	MEKANIKER
BANKMAND	MUSIKER
AMBASSADØR	PIANIST
REVISOR	PSYKOLOG
GEOLOG	ADVOKAT
JÆGER	DANSER
GULDSMED	DYRLÆGE
KARTOGRAF	TRÆNER
BLIKKENSLAGER	

93 - Adjektive #1

```
K  H  J  A  H  P  Æ  R  L  I  G  A  V  W
T  U  P  Q  X  O  G  T  K  U  L  R  Æ  W
T  Y  N  P  X  Z  Q  Q  J  S  A  O  R  M
A  M  N  S  M  U  K  M  I  K  D  M  D  O
W  Y  J  D  T  Y  S  J  D  Y  B  A  I  D
C  X  R  C  P  N  Q  P  E  L  Q  T  F  E
P  B  M  U  O  M  E  E  N  D  T  I  U  R
L  A  N  G  S  O  M  R  T  I  U  S  L  N
J  A  W  J  T  C  B  F  I  G  N  K  D  E
X  X  U  N  O  O  D  E  S  S  G  R  R  O
D  D  M  H  R  P  V  K  K  A  K  T  I  V
A  B  S  O  L  U  T  T  M  Ø  R  K  H  S
T  I  L  T  R  Æ  K  K  E  N  D  E  L  U
L  E  R  V  I  G  T  I  G  D  M  F  I  Z
```

ABSOLUT	LANGSOM
AKTIV	MODERNE
AROMATISK	PERFEKT
TILTRÆKKENDE	STOR
MØRK	SMUK
TYND	TUNG
ÆRLIG	DYB
GLAD	USKYLDIG
IDENTISK	VÆRDIFULD
KUNSTNERISK	VIGTIG

94 - Mathematik

```
P E V S D R P E V W D P L A
A K I Z U R F D C R I O I R
R S N Q Y M J I N O O L G I
A P K Z M X D V R M J Y N T
L O L P G L I I E K F G I M
L N E X M R A S K R A O N E
E E R I L A M I T E X N G T
L N J P J D E O A D A L T I
Z T X S G I T N N S G S W K
S F Æ R E U E S G C W Z Q I
I G K T E S R D E C I M A L
S Y M M E T R I L J W V A B
F P B R Ø K G E O M E T R I
B N T R E K A N T M S S I G
```

ARITMETIK
BRØK
DECIMAL
DIVISION
TREKANT
DIAMETER
EKSPONENT
GEOMETRI
LIGNING
SFÆRE

PARALLEL
POLYGON
FIRKANT
RADIUS
REKTANGEL
SUM
SYMMETRI
OMKREDS
VINKLER

95 - Messungen

```
G  X  Y  R  Q  D  K  V  A  R  T  U  I  M
S  R  R  Q  T  E  Z  I  H  Ø  J  D  E  I
M  J  A  A  K  C  D  P  L  I  T  E  R  N
T  Y  T  D  I  I  T  Y  M  O  Q  S  N  U
L  B  G  S  L  M  A  S  S  E  G  R  W  T
L  D  M  I  O  A  T  O  M  M  E  R  W  Y
M  G  R  A  M  L  C  O  N  L  H  N  A  J
D  Y  B  D  E  Y  U  U  N  L  O  O  R  M
B  C  R  I  T  C  B  N  L  Æ  N  G  D  E
Y  F  E  Z  E  O  X  C  D  I  H  I  Q  T
T  H  D  I  R  M  N  E  O  R  Q  D  H  E
E  U  D  C  E  N  T  I  M  E  T  E  R  R
F  J  E  H  N  Q  E  O  F  M  A  B  Y  A
O  H  C  L  D  K  Z  U  T  X  V  Æ  G  T
```

BREDDE	LITER
BYTE	MASSE
DECIMAL	METER
VÆGT	MINUT
GRAD	KVART
GRAM	DYBDE
HØJDE	TON
KILOGRAM	OUNCE
KILOMETER	CENTIMETER
LÆNGDE	TOMME

96 - Schlösser

```
R  I  D  D  E  R  P  B  P  A  S  B  E  K
A  X  M  Y  T  Å  R  N  A  Z  K  B  N  V
F  K  D  P  N  N  I  X  L  T  J  K  H  Æ
R  D  L  N  E  A  N  C  A  F  O  A  J  G
I  B  U  N  K  R  S  Æ  D  E  L  T  Ø  T
A  C  H  A  R  O  I  T  S  U  D  A  R  Y
O  Z  K  C  O  D  N  U  I  D  V  P  N  N
F  Æ  S  T  N  I  N  G  M  A  V  U  I  P
E  J  S  H  E  S  T  T  E  L  G  L  N  U
S  V  Æ  R  D  D  Y  J  W  R  F  T  G  O
D  R  A  G  E  P  S  R  W  H  I  X  B  S
A  U  N  R  U  S  T  N  I  N  G  G  Z  Y
Y  T  R  P  R  I  N  S  E  S  S  E  E  I
P  Z  K  P  M  V  D  F  S  N  F  F  E  D
```

DRAGE	HEST
DYNASTI	PRINS
ÆDEL	PRINSESSE
ENHJØRNING	IMPERIUM
FÆSTNING	RIDDER
FEUDAL	RUSTNING
KATAPULT	SKJOLD
KONGERIGE	SVÆRD
KRONE	TÅRN
PALADS	VÆG

97 - Bauernhof #2

```
B  S  I  Y  K  N  P  N  V  F  Å  R  G  Y
Y  Y  E  B  B  H  P  H  Z  R  Z  F  R  V
O  E  G  I  I  Y  D  I  P  U  U  T  Ø  Y
M  H  F  Z  R  K  L  Q  E  G  O  L  N  K
T  C  P  Y  H  T  U  K  H  T  E  A  T  Q
D  G  T  B  A  P  T  B  V  G  P  D  S  M
F  R  U  G  T  H  A  V  E  N  G  E  A  H
Z  T  R  A  K  T  O  R  D  A  D  C  G  Y
N  S  P  N  M  F  J  K  E  M  A  J  S  R
M  J  S  D  Æ  J  E  D  T  D  X  P  P  D
G  O  K  I  L  Q  L  A  M  A  S  G  E  E
Y  S  D  L  K  P  A  E  S  Z  U  A  S  W
W  M  I  E  D  N  M  I  E  W  B  Q  V  Q
Y  C  L  A  N  D  M  A  N  D  T  W  X  Q
```

LANDMAND	MÆLK
BIKUBE	FRUGTHAVE
AND	MODEN
FRUGT	FÅR
GRØNTSAG	HYRDE
BYG	LADE
LAMA	TRAKTOR
LAM	HVEDE
MAJS	ENG

98 - Berufe #2

```
K F Z O D A L B G S Z B L B
D O O P E F Æ I R W P U Æ B
I T O F T J G O N S C Y R I
Z O L I E O E L B G Y I E B
F G O N K U G O S W V K R L
M R G D T R Z G E P A I N I
F A I E I N G E N I Ø R S O
O F L R V A A Z G L I U Y T
R L H E P L J W E O X R P E
S H C I R I Y H R T N G B K
K I L L U S T R A T O R Y A
E S B Z R T F I L O S O F R
R F X F A R T A N D L Æ G E
B V H G A R T N E R G K Z L
```

LÆGE	INGENIØR
BIBLIOTEKAR	JOURNALIST
BIOLOG	LÆRER
KIRURG	LINGVIST
DETEKTIV	MALER
OPFINDER	FILOSOF
FORSKER	PILOT
FOTOGRAF	TANDLÆGE
GARTNER	ZOOLOG
ILLUSTRATOR	

99 - Erforschung

```
S  T  D  J  G  U  D  F  P  Y  E  N  B  S
P  P  J  Y  H  D  E  J  L  T  Q  W  K  T
X  F  R  K  R  M  S  E  A  L  V  G  K  J
A  Z  F  O  F  A  O  R  D  I  A  H  O  B
T  C  A  A  G  T  N  N  S  F  V  T  H  Q
E  V  R  J  K  T  K  U  L  T  U  R  E  R
R  H  E  E  P  E  F  I  N  Y  V  I  L  D
R  R  R  I  J  L  U  K  E  N  D  T  U  D
Æ  S  K  E  T  S  Q  U  E  S  T  O  H  P
N  M  O  D  O  E  E  Z  F  S  R  O  P  E
O  P  D  A  G  E  L  S  E  O  K  J  M  R
B  E  S  T  E  M  M  E  L  S  E  W  T  O
S  P  Æ  N  D  I  N  G  W  J  A  E  B  N
H  M  W  E  Z  A  K  T  I  V  I  T  E  T
```

AKTIVITET	MOD
SPÆNDING	NY
OPDAGELSE	PLADS
BESTEMMELSE	REJSE
UDMATTELSE	SPROG
FJERN	QUEST
FARER	DYR
TERRÆN	UKENDT
KULTURER	VILD

100 - Wetter

```
P  P  U  K  L  B  E  P  I  A  S  O  T  P
M  P  T  T  H  X  C  V  N  T  T  K  O  J
S  O  W  Ø  Å  L  H  I  M  M  E  L  R  O
L  L  N  E  R  G  K  N  U  O  M  I  D  B
S  A  Q  S  Q  A  E  D  Z  S  P  M  E  T
N  R  E  K  U  M  D  S  R  F  E  A  N  T
I  F  U  T  C  N  M  V  E  Æ  R  T  S  W
H  T  O  R  N  A  D  O  G  R  A  Ø  K  A
B  R  I  S  E  A  G  R  N  E  T  R  Y  B
L  O  S  T  O  R  M  K  B  X  U  K  H  B
I  P  O  C  W  T  M  A  U  G  R  E  T  F
L  I  S  W  L  C  Y  N  E  W  X  V  H  Y
A  S  W  D  Y  Z  O  F  J  T  Q  Q  L  C
H  K  H  J  N  N  I  U  M  I  A  P  N  A
```

ATMOSFÆRE	TÅGE
LYN	POLAR
BRISE	REGNBUE
TORDEN	STORM
TØRKE	TEMPERATUR
IS	TORNADO
HIMMEL	TØR
ORKAN	TROPISK
KLIMA	VIND
MONSUN	SKY

1 - Ozean

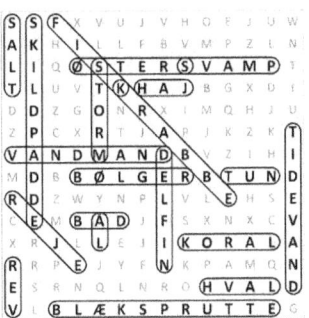

2 - Schule #1

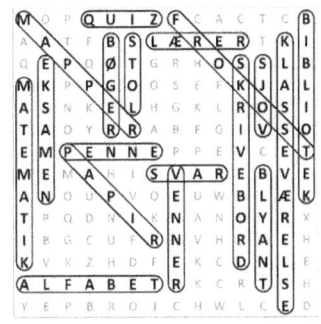

3 - Meditation

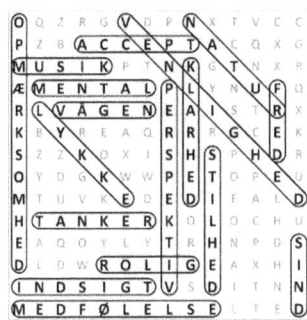

4 - Meisterschaft

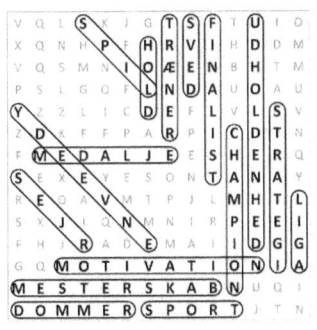

5 - Insekten

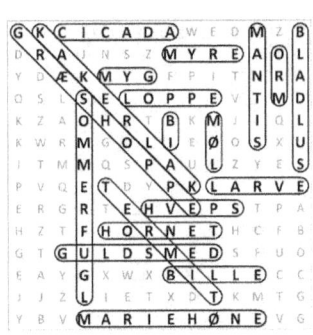

6 - Dinosaurier

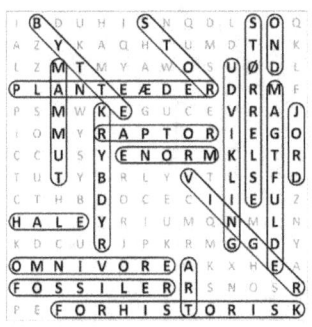

7 - Obst

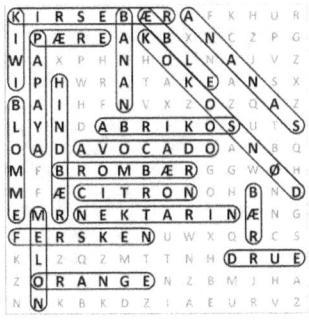

8 - Schule #2

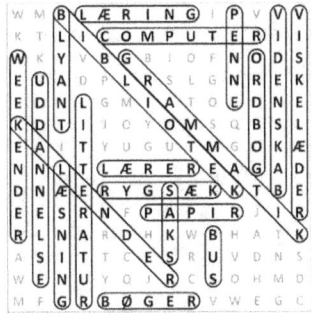

9 - Spielzeuge

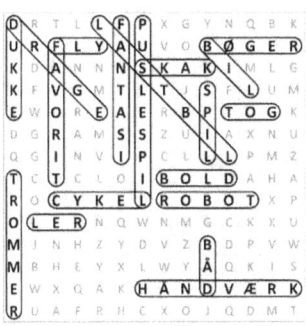

10 - Camping

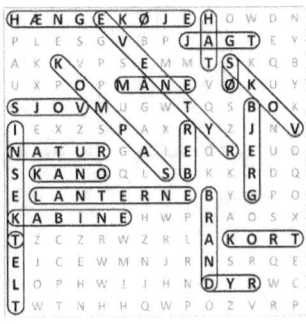

11 - Zeit

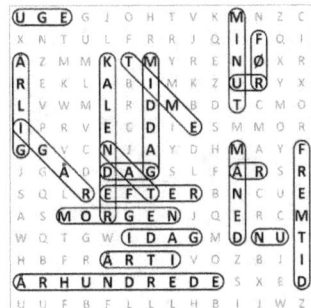

12 - Säugetiere

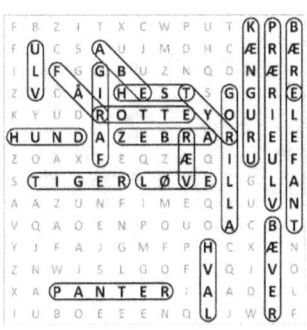

13 - Astronomie

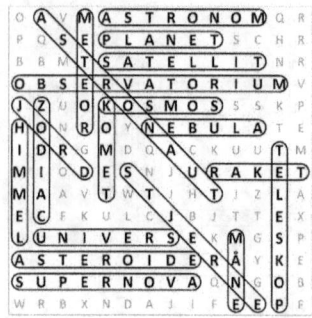

14 - Ballett

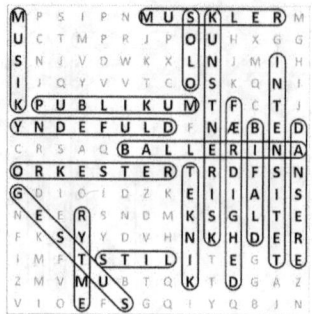

15 - Strand

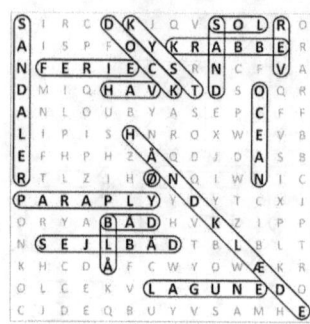

16 - Restaurant #1

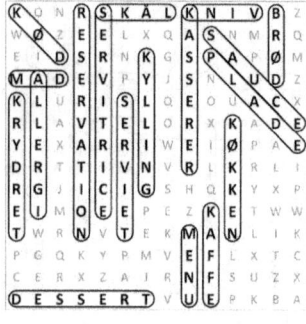

17 - Geologie

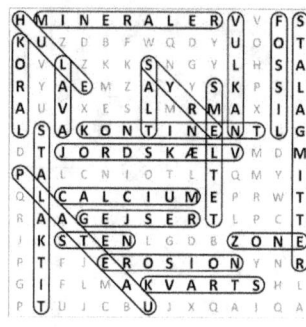

18 - Wissenschaft

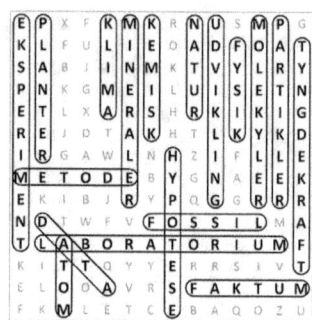

19 - Bildende Kunst

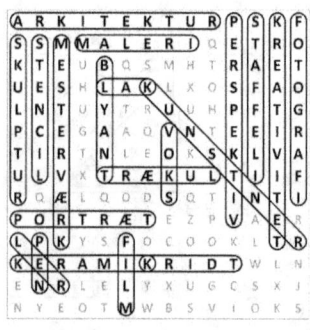

20 - Sport

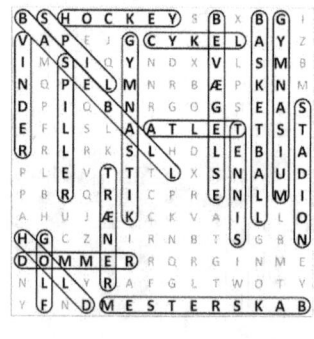

21 - Mythologie

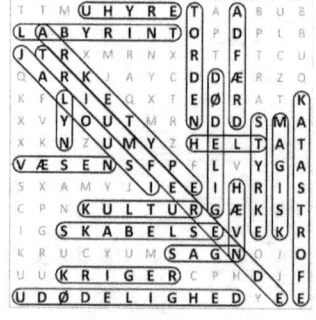

22 - Restaurant #2

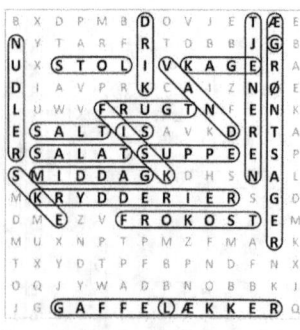

23 - Ökologie

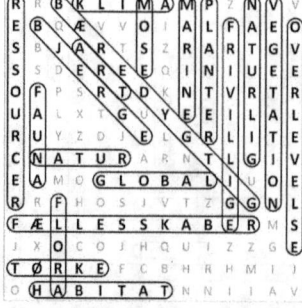

24 - Schokolade

25 - Boote

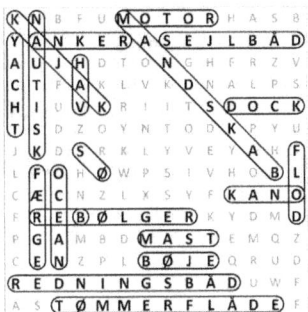

26 - Stadt

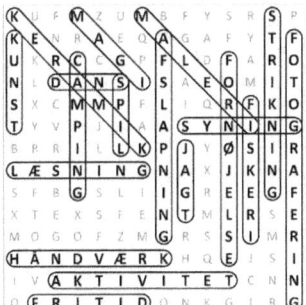

27 - Aktivitäten

28 - Bienen

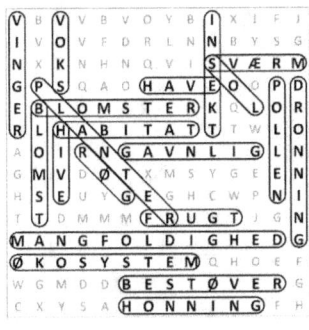

29 - Wissenschaftliche

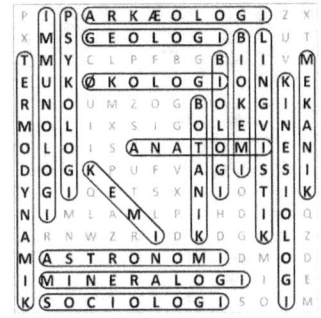

30 - Vögel

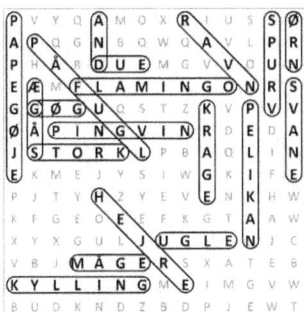

31 - Kochen Tools

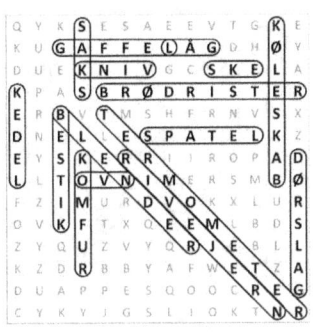

32 - Garten

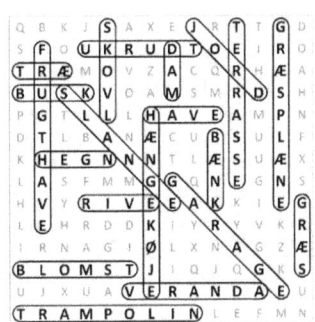

33 - Antarktis

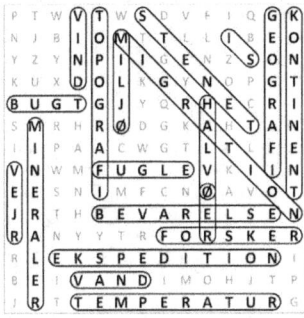

34 - Fahren

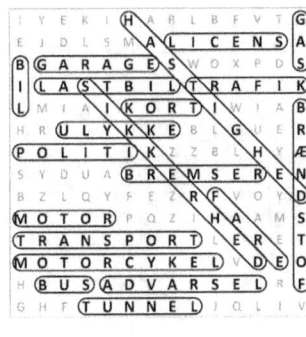

35 - Bücher

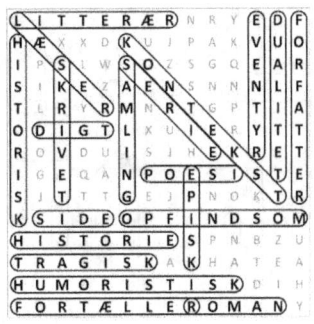

36 - Menschlicher Körper

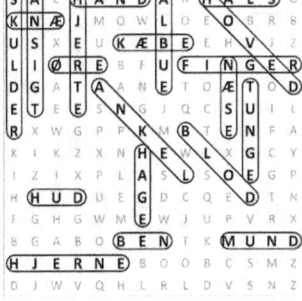

37 - Klettern

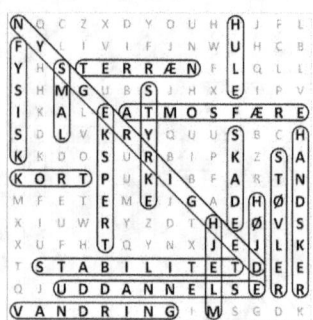

38 - Landschaften

39 - Abenteuer

40 - Flugzeuge

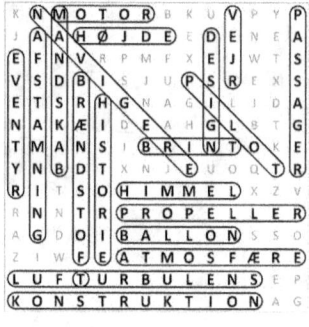

41 - Haartypen

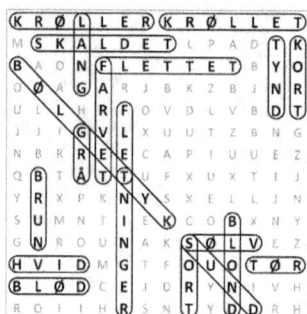

42 - Essen #1

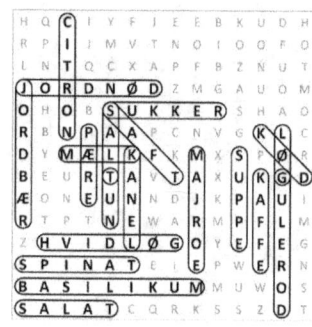

43 - Gebäude

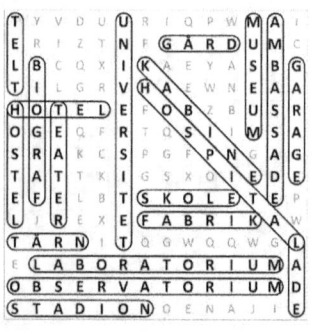

44 - Angeln

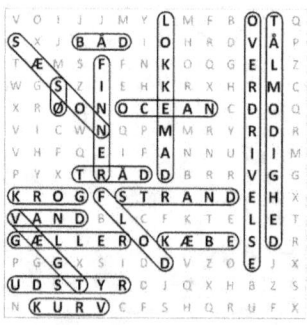

45 - Essen #2

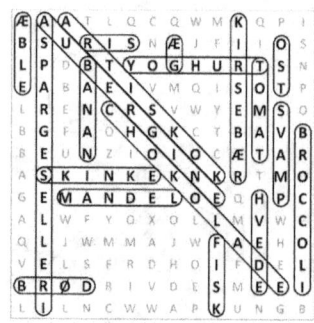

46 - Familie

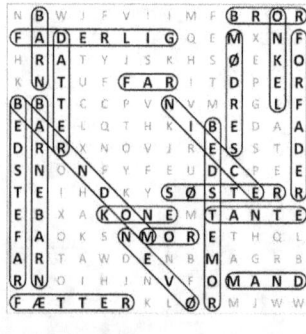

47 - Pflanzen

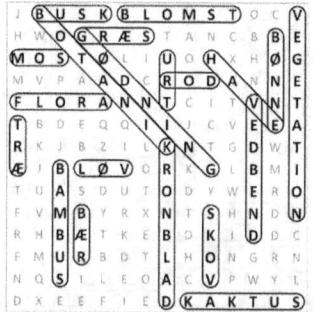

48 - Kunst

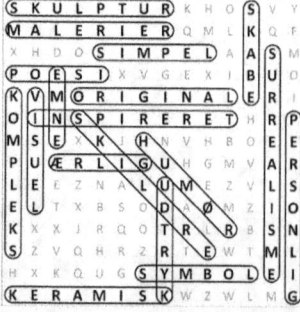

49 - Gewürze

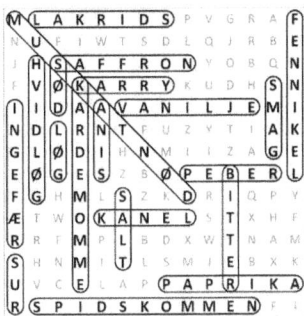

50 - Gemüse

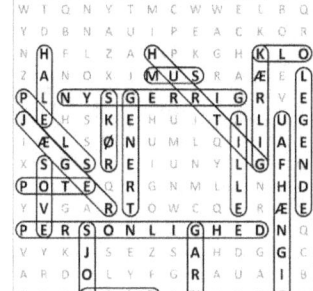

51 - Katzen

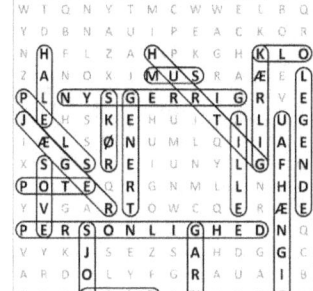

52 - Tanzen

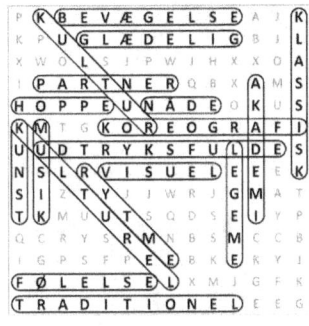

53 - Ernährung

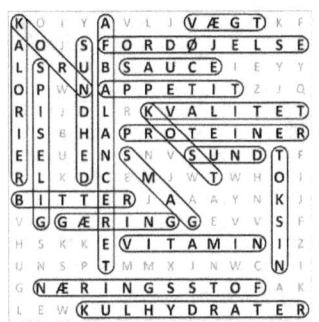

54 - Technologie

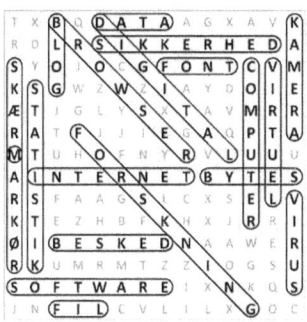

55 - Wasser

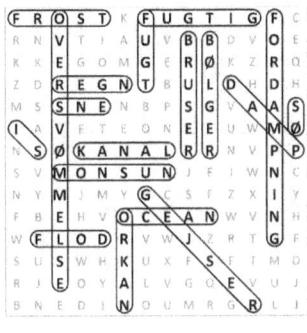

56 - Science Fiction

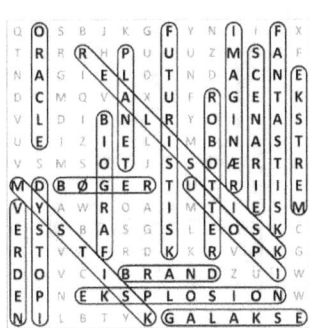

57 - Haustiere

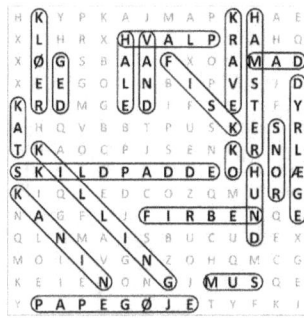

58 - Geburtstag

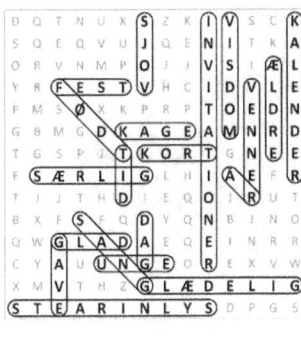

59 - Literatur

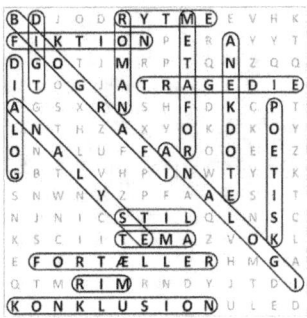

60 - Wandern

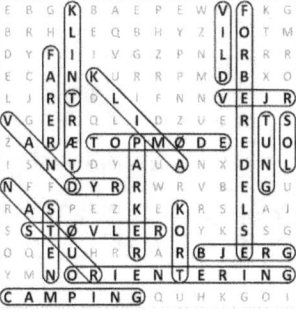

61 - Länder #2

62 - Fahrzeuge

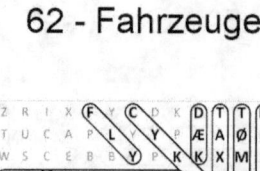
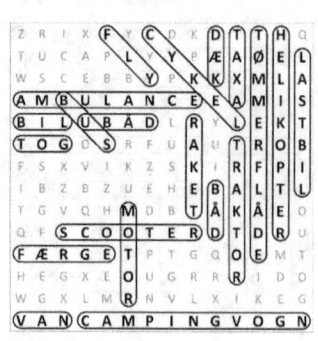

63 - Badezimmer

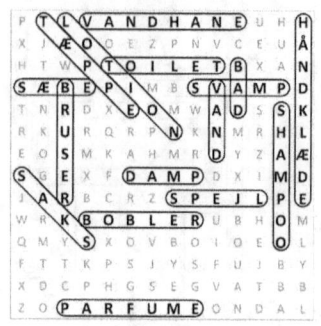

64 - Musikinstrumente

65 - Blumen

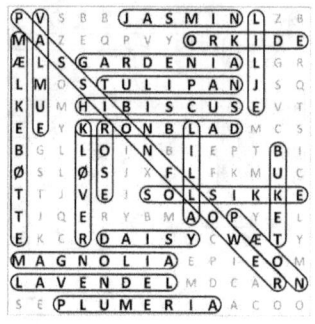

66 - Natur

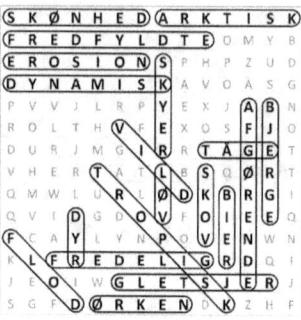

67 - Urlaub #2

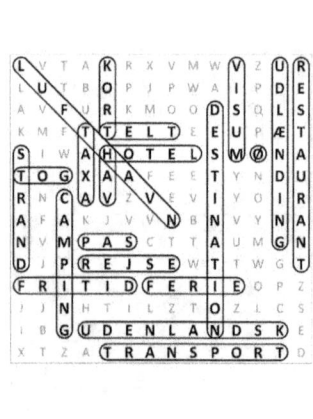

68 - Zirkus

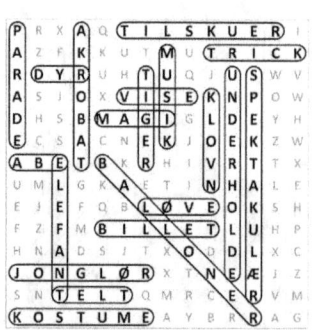

69 - Barbecues

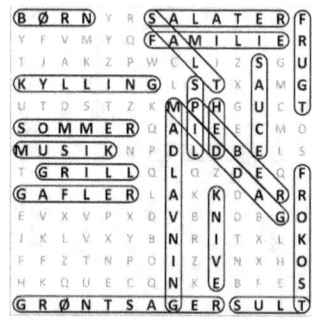

70 - Küche

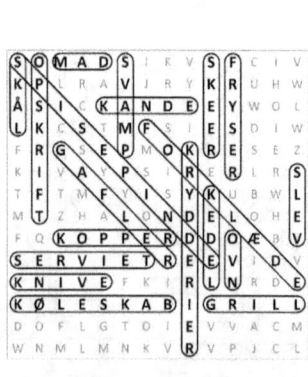

71 - Schach

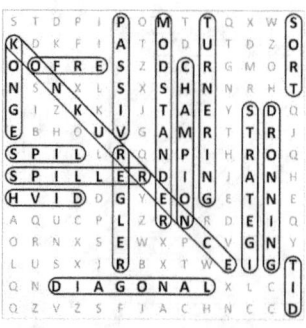

72 - Erhaltung

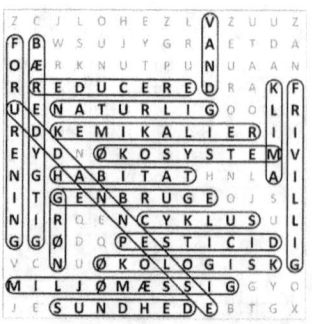

73 - Geographie

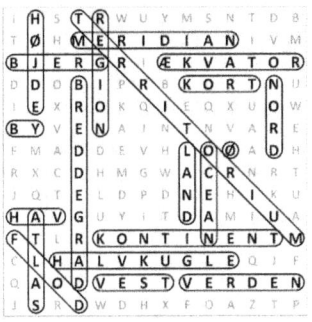

74 - Zahlen

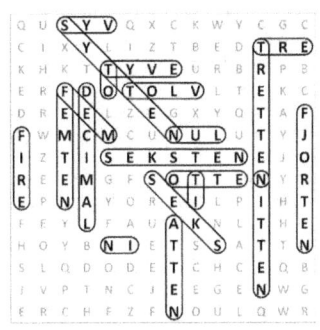

75 - Kunst Liefert

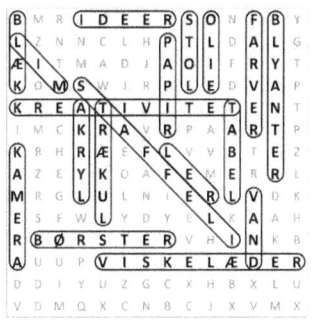

76 - Tage und Monate

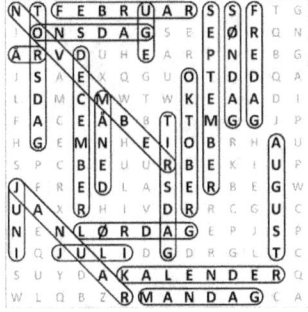

77 - Piraten

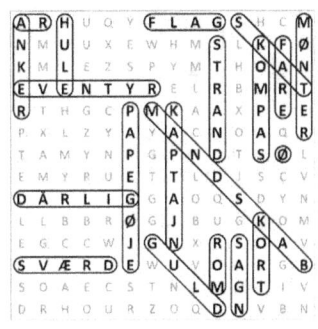

78 - Emotionen

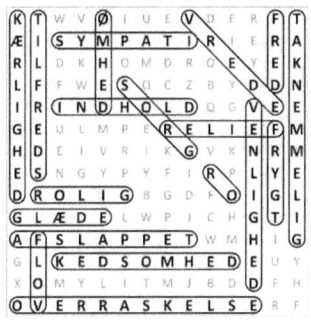

79 - Zu Füllen

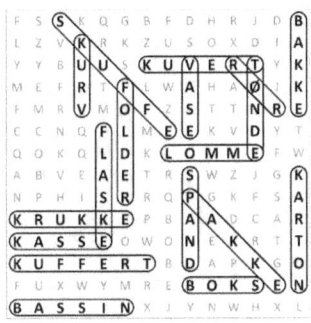

80 - Surfen

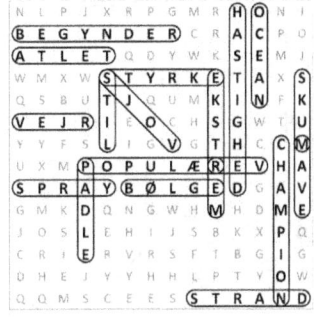

81 - Möbel

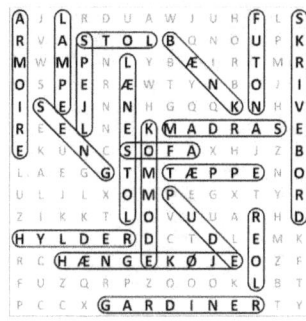

82 - Kräuterkunde

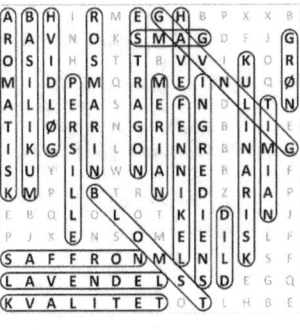

83 - Tugenden #1

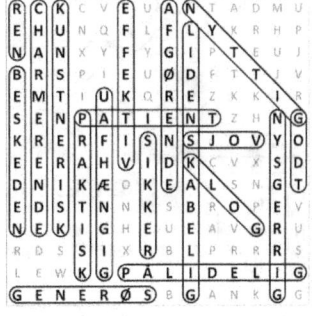

84 - Aktivitäten und Freizeit

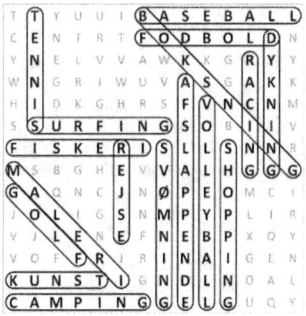

85 - Formen

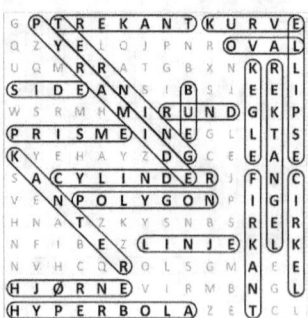

86 - Adjektive #2

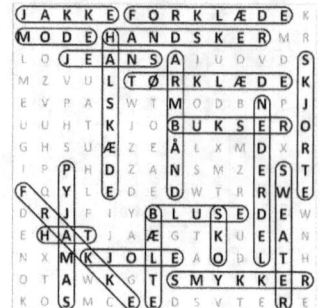

87 - Kleidung

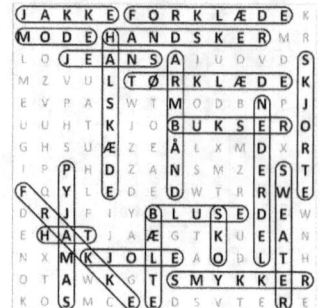

88 - Sommer

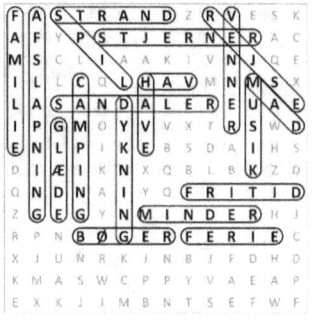

89 - Farben

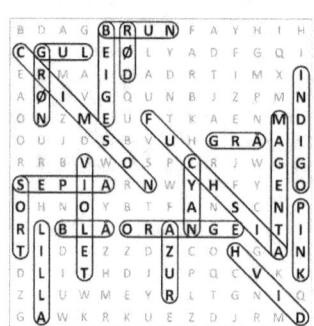

90 - Haus

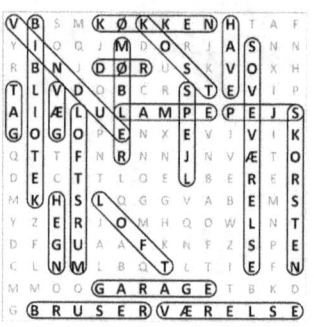

91 - Bauernhof #1

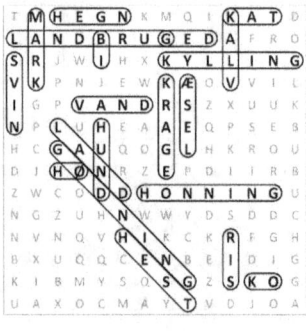

92 - Berufe #1

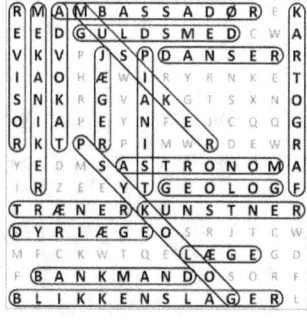

93 - Adjektive #1

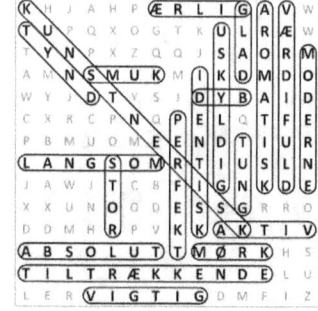

94 - Mathematik

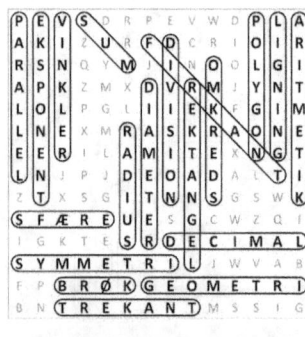

95 - Messungen

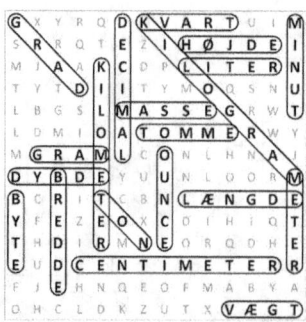

96 - Schlösser

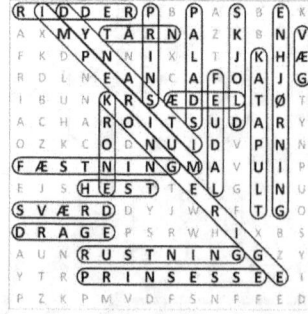

97 - Bauernhof #2

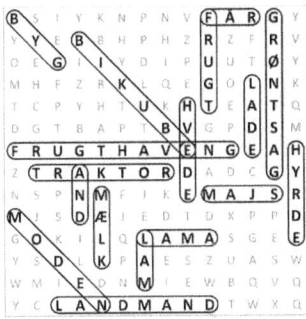

98 - Berufe #2

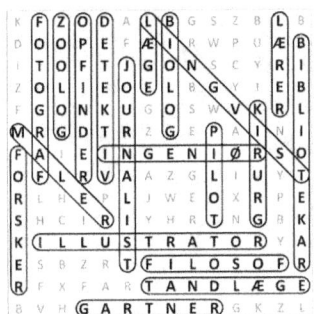

99 - Erforschung

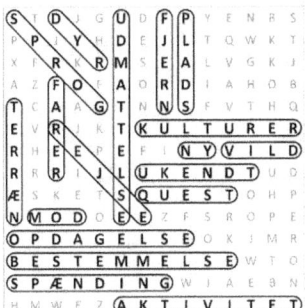

100 - Wetter

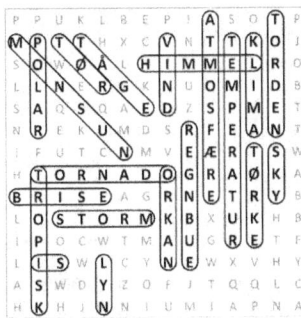

Wörterbuch

Abenteuer
Eventyr

Aktivität	Aktivitet
Ausflug	Udflugt
Chance	Chance
Freude	Glæde
Freunde	Venner
Gefährlich	Farlig
Gelegenheit	Mulighed
Natur	Natur
Navigation	Navigation
Neu	Ny
Reisen	Rejser
Route	Rejseplan
Schönheit	Skønhed
Schwierigkeit	Vanskelighed
Sicherheit	Sikkerhed
Tapferkeit	Tapperhed
Ungewöhnlich	Usædvanlig
Überraschend	Overraskende
Vorbereitung	Forberedelse
Ziel	Destination

Adjektive #1
Tillægsord #1

Absolut	Absolut
Aktiv	Aktiv
Aromatisch	Aromatisk
Attraktiv	Tiltrækkende
Dunkel	Mørk
Dünn	Tynd
Ehrlich	Ærlig
Glücklich	Glad
Identisch	Identisk
Künstlerisch	Kunstnerisk
Langsam	Langsom
Modern	Moderne
Perfekt	Perfekt
Riesig	Stor
Schön	Smuk
Schwer	Tung
Tief	Dyb
Unschuldig	Uskyldig
Wertvoll	Værdifuld
Wichtig	Vigtig

Adjektive #2
Tillægsord #2

Authentisch	Autentisk
Berühmt	Berømt
Beschreibend	Beskrivende
Dramatisch	Dramatisk
Elegant	Elegant
Essbar	Spiselig
Frisch	Frisk
Gesund	Sund
Hungrig	Sulten
Interessant	Interessant
Kreativ	Kreativ
Natürlich	Naturlig
Neu	Ny
Normal	Normal
Produktiv	Produktiv
Salzig	Saltet
Stark	Stærk
Stolz	Stolt
Verantwortlich	Ansvarlig
Wild	Vild

Aktivitäten
Aktiviteter

Aktivität	Aktivitet
Angeln	Fiskeri
Camping	Camping
Entspannung	Afslapning
Fotografie	Fotografering
Freizeit	Fritid
Gartenarbeit	Havearbejde
Gemälde	Maleri
Jagd	Jagt
Keramik	Keramik
Kunst	Kunst
Kunsthandwerk	Håndværk
Lesen	Læsning
Magie	Magi
Nähen	Syning
Spiele	Spil
Stricken	Strikning
Tanzen	Dans
Vergnügen	Fornøjelse
Wandern	Vandring

Aktivitäten und Freizeit
Aktiviteter og Fritid

Angeln	Fiskeri
Baseball	Baseball
Basketball	Basketball
Boxen	Boksning
Camping	Camping
Einkaufen	Shopping
Entspannend	Afslappende
Fussball	Fodbold
Gartenarbeit	Havearbejde
Gemälde	Maleri
Golf	Golf
Kunst	Kunst
Reise	Rejse
Rennen	Racing
Schwimmen	Svømning
Surfen	Surfing
Tauchen	Dykning
Tennis	Tennis
Volleyball	Volleyball
Wandern	Vandring

Angeln
Fiskeri

Ausrüstung	Udstyr
Boot	Båd
Draht	Tråd
Flossen	Finner
Fluss	Flod
Geduld	Tålmodighed
Gewicht	Vægt
Haken	Krog
Jahreszeit	Sæson
Kiefer	Kæbe
Kiemen	Gæller
Korb	Kurv
Köder	Lokkemad
Ozean	Ocean
See	Sø
Strand	Strand
Übertreibung	Overdrivelse
Wasser	Vand

Antarktis
Antarktis

Bucht	Bugt
Eis	Is
Erhaltung	Bevarelse
Expedition	Ekspedition
Felsig	Stenet
Forscher	Forsker
Geographie	Geografi
Halbinsel	Halvø
Inseln	Øer
Kontinent	Kontinent
Migration	Migration
Mineralien	Mineraler
Temperatur	Temperatur
Topographie	Topografi
Umwelt	Miljø
Vögel	Fugle
Wasser	Vand
Wetter	Vejr
Wind	Vind
Wissenschaftlich	Videnskabelig

Astronomie
Astronomi

Asteroid	Asteroide
Astronaut	Astronaut
Astronom	Astronom
Erde	Jord
Himmel	Himmel
Komet	Komet
Konstellation	Konstellation
Kosmos	Kosmos
Meteor	Meteor
Mond	Måne
Nebel	Nebula
Observatorium	Observatorium
Planet	Planet
Rakete	Raket
Satellit	Satellit
Stern	Stjerne
Supernova	Supernova
Teleskop	Teleskop
Tierkreis	Zodiac
Universum	Univers

Badezimmer
Badeværelse

Bad	Bad
Blasen	Bobler
Dampf	Damp
Dusche	Bruser
Handtuch	Håndklæde
Lotion	Lotion
Parfüm	Parfume
Schere	Saks
Schwamm	Svamp
Seife	Sæbe
Shampoo	Shampoo
Spiegel	Spejl
Teppich	Tæppe
Toilette	Toilet
Wasser	Vand
Wasserhahn	Vandhane

Ballett
Ballet

Anmutig	Yndefuld
Applaus	Bifald
Ausdrucksvoll	Udtryksfulde
Ballerina	Ballerina
Choreographie	Koreografi
Fähigkeit	Færdighed
Geste	Gestus
Intensität	Intensitet
Komponist	Komponist
Künstlerisch	Kunstnerisk
Musik	Musik
Muskel	Muskler
Orchester	Orkester
Probe	Generalprøve
Publikum	Publikum
Rhythmus	Rytme
Solo	Solo
Stil	Stil
Tänzer	Dansere
Technik	Teknik

Barbecues
Grillninger

Abendessen	Middag
Familie	Familie
Frucht	Frugt
Gabeln	Gafler
Gemüse	Grøntsager
Grill	Grill
Heiss	Hed
Huhn	Kylling
Hunger	Sult
Kinder	Børn
Kochen	Madlavning
Messer	Knive
Mittagessen	Frokost
Musik	Musik
Pfeffer	Peber
Salate	Salater
Salz	Salt
Sommer	Sommer
Sosse	Sauce
Spiele	Spil

Bauernhof #1
Bondegård #1

Biene	Bi
Dünger	Gødning
Esel	Æsel
Feld	Mark
Heu	Hø
Honig	Honning
Huhn	Kylling
Hund	Hund
Kalb	Kalv
Katze	Kat
Krähe	Krage
Kuh	Ko
Land	Land
Landwirtschaft	Landbrug
Pferd	Hest
Reis	Ris
Schwein	Svin
Wasser	Vand
Zaun	Hegn
Ziege	Ged

Bauernhof #2
Bondegård #2

Bauer	Landmand
Bewässerung	Kunstvanding
Bienenstock	Bikube
Ente	And
Frucht	Frugt
Gemüse	Grøntsag
Gerste	Byg
Lama	Lama
Lamm	Lam
Mais	Majs
Milch	Mælk
Obstgarten	Frugthave
Reif	Moden
Schaf	Får
Schäfer	Hyrde
Scheune	Lade
Traktor	Traktor
Weizen	Hvede
Wiese	Eng
Windmühle	Vindmølle

Berufe #1
Erhverv #1

Arzt	Læge
Astronom	Astronom
Bankier	Bankmand
Botschafter	Ambassadør
Buchhalter	Revisor
Geologe	Geolog
Jäger	Jæger
Juwelier	Guldsmed
Kartograph	Kartograf
Klempner	Blikkenslager
Krankenschwester	Sygeplejerske
Künstler	Kunstner
Mechaniker	Mekaniker
Musiker	Musiker
Pianist	Pianist
Psychologe	Psykolog
Rechtsanwalt	Advokat
Tänzer	Danser
Tierarzt	Dyrlæge
Trainer	Træner

Berufe #2
Erhverv #2

Arzt	Læge
Astronaut	Astronaut
Bibliothekar	Bibliotekar
Biologe	Biolog
Chirurg	Kirurg
Detektiv	Detektiv
Erfinder	Opfinder
Forscher	Forsker
Fotograf	Fotograf
Gärtner	Gartner
Illustrator	Illustrator
Ingenieur	Ingeniør
Journalist	Journalist
Lehrer	Lærer
Linguist	Lingvist
Maler	Maler
Philosoph	Filosof
Pilot	Pilot
Zahnarzt	Tandlæge
Zoologe	Zoolog

Bienen
Bier

Bestäuber	Bestøver
Bienenkorb	Hive
Blumen	Blomster
Blüte	Blomst
Flügel	Vinger
Frucht	Frugt
Garten	Have
Honig	Honning
Insekt	Insekt
Königin	Dronning
Lebensraum	Habitat
Ökosystem	Økosystem
Pflanzen	Planter
Pollen	Pollen
Rauch	Røg
Schwarm	Sværm
Sonne	Sol
Vielfalt	Mangfoldighed
Vorteilhaft	Gavnlig
Wachs	Voks

Bildende Kunst
Billedkunst

Architektur	Arkitektur
Bleistift	Blyant
Film	Film
Foto	Fotografi
Gemälde	Maleri
Holzkohle	Trækul
Keramik	Keramik
Kreativität	Kreativitet
Kreide	Kridt
Künstler	Kunstner
Lack	Lak
Meisterwerk	Mesterværk
Perspektive	Perspektiv
Porträt	Portræt
Schablone	Stencil
Skulptur	Skulptur
Staffelei	Staffeli
Stift	Pen
Ton	Ler
Wachs	Voks

Blumen
Blomster

Blütenblatt	Kronblad
Gardenie	Gardenia
Gänseblümchen	Daisy
Hibiskus	Hibiscus
Jasmin	Jasmin
Klee	Kløver
Lavendel	Lavendel
Lila	Lilla
Lilie	Lilje
Löwenzahn	Mælkebøtte
Magnolie	Magnolia
Mohn	Valmue
Orchidee	Orkide
Passionsblume	Passionflower
Pfingstrose	Pæon
Plumeria	Plumeria
Rose	Rose
Sonnenblume	Solsikke
Strauss	Buket
Tulpe	Tulipan

Boote
Både

Anker	Anker
Boje	Bøje
Crew	Mandskab
Dock	Dock
Fähre	Færge
Floss	Tømmerflåde
Fluss	Flod
Kajak	Kajak
Kanu	Kano
Mast	Mast
Meer	Hav
Motor	Motor
Nautisch	Nautisk
Ozean	Ocean
Rettungsboot	Redningsbåd
See	Sø
Segelboot	Sejlbåd
Seil	Reb
Wellen	Bølger
Yacht	Yacht

Bücher
Bøger

Abenteuer	Eventyr
Autor	Forfatter
Dualität	Dualitet
Episch	Episk
Erfinderisch	Opfindsom
Erzähler	Fortæller
Gedicht	Digt
Geschichte	Historie
Geschrieben	Skrivet
Historisch	Historisk
Humorvoll	Humoristisk
Kollektion	Samling
Kontext	Kontekst
Leser	Læser
Literarisch	Litterær
Poesie	Poesi
Roman	Roman
Seite	Side
Serie	Serie
Tragisch	Tragisk

Camping
Camping

Abenteuer	Eventyr
Berg	Bjerg
Feuer	Brand
Hängematte	Hængekøje
Hut	Hat
Insekt	Insekt
Jagd	Jagt
Kabine	Kabine
Kanu	Kano
Karte	Kort
Kompass	Kompas
Laterne	Lanterne
Mond	Måne
Natur	Natur
See	Sø
Seil	Reb
Spass	Sjov
Tiere	Dyr
Wald	Skov
Zelt	Telt

Dinosaurier
Dinosaurer

Allesfresser	Omnivore
Art	Art
Beute	Bytte
Bösartig	Ond
Enorm	Enorm
Erde	Jord
Evolution	Udvikling
Flügel	Vinger
Fossilien	Fossiler
Gross	Stor
Grösse	Størrelse
Leistungsstark	Magtfulde
Mammut	Mammut
Pflanzenfresser	Planteæder
Prähistorisch	Forhistorisk
Raubvogel	Raptor
Reptil	Krybdyr
Schwanz	Hale
Verschwinden	Forsvinden

Emotionen
Følelser

Angst	Frygt
Beschämt	Flov
Dankbar	Taknemmelig
Entspannt	Afslappet
Freude	Glæde
Freundlichkeit	Venlighed
Frieden	Fred
Inhalt	Indhold
Langeweile	Kedsomhed
Liebe	Kærlighed
Relief	Relief
Ruhe	Ro
Ruhig	Rolig
Sympathie	Sympati
Traurigkeit	Sorg
Überraschen	Overraskelse
Wut	Vrede
Zärtlichkeit	Ømhed
Zufrieden	Tilfreds

Erforschung
Udforskning

Aktivität	Aktivitet
Aufregung	Spænding
Entdeckung	Opdagelse
Entschlossenheit	Bestemmelse
Erschöpfung	Udmattelse
Fern	Fjern
Gefahren	Farer
Gelände	Terræn
Kulturen	Kulturer
Mut	Mod
Neu	Ny
Raum	Plads
Reise	Rejse
Sprache	Sprog
Suche	Quest
Tiere	Dyr
Unbekannt	Ukendt
Wild	Vild

Erhaltung
Bevaring

Bildung	Uddannelse
Chemikalien	Kemikalier
Freiwillige	Frivillig
Gesundheit	Sundhed
Grün	Grøn
Klima	Klima
Lebensraum	Habitat
Nachhaltig	Bæredygtig
Natürlich	Naturlig
Organisch	Økologisk
Ökosystem	Økosystem
Pestizid	Pesticid
Recyceln	Genbruge
Reduzieren	Reducere
Umwelt	Miljømæssig
Verschmutzung	Forurening
Wasser	Vand
Zyklus	Cyklus

Ernährung
Ernæring

Appetit	Appetit
Ausgewogen	Afbalanceret
Bitter	Bitter
Diät	Kost
Essbar	Spiselig
Fermentation	Gæring
Geschmack	Smag
Gesund	Sund
Gesundheit	Sundhed
Getreide	Korn
Gewicht	Vægt
Kalorien	Kalorier
Kohlenhydrate	Kulhydrater
Nährstoff	Næringsstof
Proteine	Proteiner
Qualität	Kvalitet
Sosse	Sauce
Toxin	Toksin
Verdauung	Fordøjelse
Vitamin	Vitamin

Essen #1
Mad #1

Basilikum	Basilikum
Birne	Pære
Erdbeere	Jordbær
Erdnuss	Jordnød
Fleisch	Kød
Kaffee	Kaffe
Karotte	Gulerod
Knoblauch	Hvidløg
Milch	Mælk
Rübe	Majroe
Saft	Saft
Salat	Salat
Salz	Salt
Spinat	Spinat
Suppe	Suppe
Thunfisch	Tun
Zimt	Kanel
Zitrone	Citron
Zucker	Sukker
Zwiebel	Løg

Essen #2
Mad #2

Apfel	Æble
Artischocke	Artiskok
Aubergine	Aubergine
Banane	Banan
Brokkoli	Broccoli
Brot	Brød
Ei	Æg
Fisch	Fisk
Joghurt	Yoghurt
Käse	Ost
Kirsche	Kirsebær
Mandel	Mandel
Pilz	Svamp
Reis	Ris
Schinken	Skinke
Schokolade	Chokolade
Sellerie	Selleri
Spargel	Asparges
Tomate	Tomat
Weizen	Hvede

Fahren
Kørsel

Auto	Bil
Bremsen	Bremser
Brennstoff	Brændstof
Bus	Bus
Garage	Garage
Gas	Gas
Gefahr	Fare
Geschwindigkeit	Hastighed
Karte	Kort
Lizenz	Licens
Lkw	Lastbil
Motor	Motor
Motorrad	Motorcykel
Polizei	Politi
Sicherheit	Sikkerhed
Transport	Transport
Tunnel	Tunnel
Unfall	Ulykke
Verkehr	Trafik
Vorsicht	Advarsel

Fahrzeuge
Køretøjer

Auto	Bil
Boot	Båd
Bus	Bus
Fahrrad	Cykel
Fähre	Færge
Floss	Tømmerflåde
Flugzeug	Fly
Hubschrauber	Helikopter
Krankenwagen	Ambulance
Lkw	Lastbil
Motor	Motor
Rakete	Raket
Reifen	Dæk
Roller	Scooter
Taxi	Taxa
Traktor	Traktor
U-Boot	Ubåd
Van	Van
Wohnwagen	Campingvogn
Zug	Tog

Familie
Familie

Bruder	Bror
Ehefrau	Kone
Ehemann	Mand
Enkel	Barnebarn
Grossmutter	Bedstemor
Grossvater	Bedstefar
Kind	Barn
Kindheit	Barndom
Mutter	Mor
Mütterlich	Mødres
Neffe	Nevø
Nichte	Niece
Onkel	Onkel
Schwester	Søster
Tante	Tante
Tochter	Datter
Vater	Far
Väterlich	Faderlig
Vetter	Fætter
Vorfahr	Forfader

Farben
Farver

Azurblau	Azur
Beige	Beige
Blau	Blå
Braun	Brun
Fuchsie	Fuchsia
Gelb	Gul
Grau	Grå
Grün	Grøn
Indigo	Indigo
Lila	Lilla
Magenta	Magenta
Orange	Orange
Purpur	Crimson
Rosa	Pink
Rot	Rød
Schwarz	Sort
Sepia	Sepia
Violett	Violet
Weiss	Hvid
Zyan	Cyan

Flugzeuge
Fly

Abenteuer	Eventyr
Abstieg	Afstamning
Atmosphäre	Atmosfære
Ballon	Ballon
Brennstoff	Brændstof
Crew	Mandskab
Design	Design
Geschichte	Historie
Himmel	Himmel
Höhe	Højde
Konstruktion	Konstruktion
Luft	Luft
Motor	Motor
Navigieren	Navigere
Passagier	Passager
Pilot	Pilot
Propeller	Propeller
Turbulenz	Turbulens
Wasserstoff	Brint
Wetter	Vejr

Formen
Former

Bogen	Bue
Dreieck	Trekant
Ecke	Hjørne
Ellipse	Ellipse
Hyperbel	Hyperbola
Kanten	Kanter
Kegel	Kegle
Kreis	Cirkel
Kurve	Kurve
Linie	Linje
Oval	Oval
Polygon	Polygon
Prisma	Prisme
Pyramide	Pyramide
Quadrat	Firkant
Rechteck	Rektangel
Rund	Rund
Seite	Side
Würfel	Terning
Zylinder	Cylinder

Garten
Have

Bank	Bænk
Baum	Træ
Blume	Blomst
Boden	Jord
Busch	Busk
Garage	Garage
Garten	Have
Gras	Græs
Hängematte	Hængekøje
Obstgarten	Frugthave
Rasen	Græsplæne
Rechen	Rive
Schaufel	Skovl
Schlauch	Slange
Teich	Dam
Terrasse	Terrasse
Trampolin	Trampolin
Unkraut	Ukrudt
Veranda	Veranda
Zaun	Hegn

Gebäude
Bygninger

Bauernhof	Gård
Botschaft	Ambassade
Fabrik	Fabrik
Garage	Garage
Herberge	Hostel
Hotel	Hotel
Kabine	Kabine
Kino	Biograf
Krankenhaus	Hospital
Labor	Laboratorium
Museum	Museum
Observatorium	Observatorium
Scheune	Lade
Schule	Skole
Stadion	Stadion
Supermarkt	Supermarked
Theater	Teater
Turm	Tårn
Universität	Universitet
Zelt	Telt

Geburtstag
Fødselsdag

Älter	Ældre
Einladungen	Invitationer
Feier	Fest
Freudig	Glædelig
Freunde	Venner
Geboren	Født
Geschenk	Gave
Glücklich	Glad
Jahr	År
Jung	Unge
Kalender	Kalender
Karten	Kort
Kerzen	Stearinlys
Kuchen	Kage
Lied	Sang
Spass	Sjov
Spezial	Særlig
Tag	Dag
Weisheit	Visdom
Zeit	Tid

Gemüse
Grøntsager

Artischocke	Artiskok
Aubergine	Aubergine
Blumenkohl	Blomkål
Brokkoli	Broccoli
Erbse	Ært
Gurke	Agurk
Ingwer	Ingefær
Karotte	Gulerod
Kartoffel	Kartoffel
Knoblauch	Hvidløg
Kürbis	Græskar
Olive	Oliven
Petersilie	Persille
Pilz	Svamp
Rübe	Majroe
Salat	Salat
Sellerie	Selleri
Spinat	Spinat
Tomate	Tomat
Zwiebel	Løg

Geographie
Geografi

Atlas	Atlas
Äquator	Ækvator
Berg	Bjerg
Breite	Breddegrad
Fluss	Flod
Gebiet	Territorium
Hemisphäre	Halvkugle
Höhe	Højde
Insel	Ø
Karte	Kort
Kontinent	Kontinent
Land	Land
Meer	Hav
Meridian	Meridian
Norden	Nord
Ozean	Ocean
Region	Region
Stadt	By
Welt	Verden
West	Vest

Geologie
Geologi

Erdbeben	Jordskælv
Erosion	Erosion
Fossil	Fossil
Geschmolzen	Smeltet
Geysir	Gejser
Höhle	Hule
Kalzium	Calcium
Kontinent	Kontinent
Koralle	Koral
Lava	Lava
Mineralien	Mineraler
Plateau	Plateau
Quarz	Kvarts
Salz	Salt
Säure	Syre
Stalagmiten	Stalagmitter
Stalaktit	Stalaktit
Stein	Sten
Vulkan	Vulkan
Zone	Zone

Gewürze
Krydderier

Anis	Anis
Bitter	Bitter
Curry	Karry
Fenchel	Fennikel
Geschmack	Smag
Ingwer	Ingefær
Kardamom	Kardemomme
Knoblauch	Hvidløg
Kreuzkümmel	Spidskommen
Lakritze	Lakrids
Muskatnuss	Muskatnød
Paprika	Paprika
Pfeffer	Peber
Safran	Saffron
Salz	Salt
Sauer	Sur
Süss	Sød
Vanille	Vanilje
Zimt	Kanel
Zwiebel	Løg

Haartypen
Hår Typer

Blond	Blond
Braun	Brun
Dick	Tyk
Dünn	Tynd
Farbig	Farvet
Geflochten	Flettet
Gesund	Sund
Grau	Grå
Kahl	Skaldet
Kurz	Kort
Lang	Lang
Locken	Krøller
Lockig	Krøllet
Schwarz	Sort
Silber	Sølv
Trocken	Tør
Weich	Blød
Weiss	Hvid
Wellig	Bølget
Zöpfe	Fletninger

Haus
Hus

Besen	Kost
Bibliothek	Bibliotek
Dach	Tag
Dachboden	Loftsrum
Decke	Loft
Dusche	Bruser
Fenster	Vindue
Garage	Garage
Garten	Have
Kamin	Pejs
Küche	Køkken
Lampe	Lampe
Möbel	Møbler
Schlafzimmer	Soveværelse
Schornstein	Skorsten
Spiegel	Spejl
Tür	Dør
Wand	Væg
Zaun	Hegn
Zimmer	Værelse

Haustiere
Kæledyr

Eidechse	Firben
Essen	Mad
Fisch	Fisk
Hamster	Hamster
Hase	Kanin
Hund	Hund
Katze	Kat
Kätzchen	Killing
Kragen	Krave
Krallen	Kløer
Kuh	Ko
Leine	Snor
Maus	Mus
Papagei	Papegøje
Schildkröte	Skildpadde
Schwanz	Hale
Tierarzt	Dyrlæge
Wasser	Vand
Welpe	Hvalp
Ziege	Ged

Insekten
Insekter

Ameise	Myre
Biene	Bi
Blattlaus	Bladlus
Floh	Loppe
Gottesanbeterin	Mantis
Heuschrecke	Græshoppe
Hornisse	Hornet
Kakerlake	Kakerlak
Käfer	Bille
Larve	Larve
Libelle	Guldsmed
Marienkäfer	Mariehøne
Motte	Møl
Mücke	Myg
Schmetterling	Sommerfugl
Termite	Termit
Wespe	Hveps
Wurm	Orm
Zikade	Cicada

Katzen
Katte

Fell	Pels
Garn	Garn
Jäger	Jæger
Komisch	Sjov
Kralle	Klo
Liebevoll	Kærlig
Maus	Mus
Neugierig	Nysgerrig
Persönlichkeit	Personlighed
Pfote	Pote
Schlafen	Sove
Schnell	Hurtig
Schüchtern	Genert
Schwanz	Hale
Unabhängig	Uafhængig
Verrückt	Skør
Verspielt	Legende
Wenig	Lille
Wild	Vild

Kleidung
Tøj

Armband	Armbånd
Bluse	Bluse
Gürtel	Bælte
Halskette	Halskæde
Handschuhe	Handsker
Hemd	Skjorte
Hose	Bukser
Hut	Hat
Jacke	Jakke
Jeans	Jeans
Kleid	Kjole
Mantel	Frakke
Mode	Mode
Pullover	Sweater
Rock	Nederdel
Schal	Tørklæde
Schlafanzug	Pyjamas
Schmuck	Smykker
Schuh	Sko
Schürze	Forklæde

Klettern
Klatring

Atmosphäre	Atmosfære
Ausbildung	Uddannelse
Experte	Ekspert
Gelände	Terræn
Handschuhe	Handsker
Helm	Hjelm
Höhe	Højde
Höhle	Hule
Karte	Kort
Neugier	Nysgerrighed
Physisch	Fysisk
Schmal	Smal
Stabilität	Stabilitet
Stärke	Styrke
Stiefel	Støvler
Verletzung	Skade
Wandern	Vandring

Kochen Tools
Madlavningsværktøjer

Besteck	Bestik
Deckel	Låg
Gabel	Gaffel
Herd	Komfur
Kühlschrank	Køleskab
Löffel	Ske
Messer	Kniv
Mixer	Blender
Ofen	Ovn
Reibe	Rivejern
Schere	Saks
Sieb	Dørslag
Spatel	Spatel
Thermometer	Termometer
Toaster	Brødrister
Wasserkocher	Kedel

Kräuterkunde
Herbalisme

Aromatisch	Aromatisk
Basilikum	Basilikum
Blume	Blomst
Dill	Dild
Estragon	Estragon
Fenchel	Fennikel
Garten	Have
Geschmack	Smag
Grün	Grøn
Knoblauch	Hvidløg
Kulinarisch	Kulinarisk
Lavendel	Lavendel
Majoran	Merian
Petersilie	Persille
Qualität	Kvalitet
Rosmarin	Rosmarin
Safran	Saffron
Thymian	Timian
Vorteilhaft	Gavnlig
Zutat	Ingrediens

Kunst
Kunst

Ausdruck	Udtryk
Ehrlich	Ærlig
Einfach	Simpel
Gegenstand	Emne
Gemälde	Malerier
Inspiriert	Inspireret
Keramik	Keramisk
Komplex	Kompleks
Original	Original
Persönlich	Personlig
Poesie	Poesi
Porträtieren	Skildre
Schaffen	Skabe
Skulptur	Skulptur
Stimmung	Humør
Surrealismus	Surrealisme
Symbol	Symbol
Visuell	Visuel
Zusammensetzung	Sammensætning

Kunst Liefert
Kunst Forsyninger

Acryl	Akryl
Bleistifte	Blyanter
Bürsten	Børster
Farben	Farver
Holzkohle	Trækul
Ideen	Ideer
Kamera	Kamera
Kreativität	Kreativitet
Leim	Lim
Öl	Olie
Papier	Papir
Radiergummi	Viskelæder
Staffelei	Staffeli
Stuhl	Stol
Tabelle	Tabel
Tinte	Blæk
Ton	Ler
Wasser	Vand

Küche
Køkken

Essen	Mad
Essstäbchen	Spisepinde
Gabeln	Gafler
Gefrierschrank	Fryser
Gewürze	Krydderier
Grill	Grill
Kelle	Slev
Krug	Kande
Kühlschrank	Køleskab
Löffel	Skeer
Messer	Knive
Ofen	Ovn
Rezept	Opskrift
Schürze	Forklæde
Schüssel	Skål
Schwamm	Svamp
Serviette	Serviet
Tassen	Kopper
Wasserkocher	Kedel

Landschaften
Landskaber

Berg	Bjerg
Eisberg	Isbjerg
Fluss	Flod
Geysir	Gejser
Gletscher	Gletsjer
Golf	Bugt
Halbinsel	Halvø
Höhle	Hule
Hügel	Bakke
Insel	Ø
Meer	Hav
Oase	Oase
See	Sø
Strand	Strand
Sumpf	Sump
Tal	Dal
Tundra	Tundra
Vulkan	Vulkan
Wasserfall	Vandfald
Wüste	Ørken

Länder #2
Lande #2

Albanien	Albanien
Äthiopien	Etiopien
Frankreich	Frankrig
Griechenland	Grækenland
Haiti	Haiti
Irland	Irland
Jamaika	Jamaica
Japan	Japan
Kenia	Kenya
Laos	Laos
Liberia	Liberia
Mexiko	Mexico
Nepal	Nepal
Nigeria	Nigeria
Pakistan	Pakistan
Russland	Rusland
Sudan	Sudan
Syrien	Syrien
Uganda	Uganda
Ukraine	Ukraine

Literatur
Litteratur

Analogie	Analogi
Analyse	Analyse
Anekdote	Anekdote
Autor	Forfatter
Beschreibung	Beskrivelse
Biographie	Biografi
Dialog	Dialog
Erzähler	Fortæller
Fiktion	Fiktion
Gedicht	Digt
Metapher	Metafor
Poetisch	Poetisk
Reim	Rim
Rhythmus	Rytme
Roman	Roman
Schlussfolgerung	Konklusion
Stil	Stil
Thema	Tema
Tragödie	Tragedie
Vergleich	Sammenligning

Mathematik
Matematik

Arithmetik	Aritmetik
Bruchteil	Brøk
Dezimal	Decimal
Division	Division
Dreieck	Trekant
Durchmesser	Diameter
Exponent	Eksponent
Geometrie	Geometri
Gleichung	Ligning
Kugel	Sfære
Parallel	Parallel
Parallelogramm	Parallelogram
Polygon	Polygon
Quadrat	Firkant
Radius	Radius
Rechteck	Rektangel
Summe	Sum
Symmetrie	Symmetri
Umfang	Omkreds
Winkel	Vinkler

Meditation
Meditation

Annahme	Accept
Atmung	Vejrtrækning
Aufmerksamkeit	Opmærksomhed
Bewegung	Bevægelse
Einblick	Indsigt
Freundlichkeit	Venlighed
Frieden	Fred
Gedanken	Tanker
Geistig	Mental
Glück	Lykke
Klarheit	Klarhed
Mitgefühl	Medfølelse
Musik	Musik
Natur	Natur
Perspektive	Perspektiv
Ruhig	Rolig
Stille	Stilhed
Verstand	Sind
Wach	Vågen

Meisterschaft
Mesterskabet

Ausdauer	Udholdenhed
Champion	Champion
Finalist	Finalist
Liga	Liga
Mannschaft	Hold
Medaille	Medalje
Meisterschaft	Mesterskab
Motivation	Motivation
Performance	Ydeevne
Richter	Dommer
Schweiss	Sved
Sieg	Sejr
Spiele	Spil
Sport	Sport
Strategie	Strategi
Trainer	Træner
Turnier	Turnering

Menschlicher Körper
Menneskekroppen

Bein	Ben
Blut	Blod
Ellbogen	Albue
Finger	Finger
Gehirn	Hjerne
Gesicht	Ansigt
Hals	Hals
Hand	Hånd
Haut	Hud
Herz	Hjerte
Kiefer	Kæbe
Kinn	Hage
Knie	Knæ
Knöchel	Ankel
Kopf	Hoved
Mund	Mund
Nase	Næse
Ohr	Øre
Schulter	Skulder
Zunge	Tunge

Messungen
Målinger

Breite	Bredde
Byte	Byte
Dezimal	Decimal
Gewicht	Vægt
Grad	Grad
Gramm	Gram
Höhe	Højde
Kilogramm	Kilogram
Kilometer	Kilometer
Länge	Længde
Liter	Liter
Masse	Masse
Meter	Meter
Minute	Minut
Quart	Kvart
Tiefe	Dybde
Tonne	Ton
Unze	Ounce
Zentimeter	Centimeter
Zoll	Tomme

Möbel
Møbler

Bank	Bænk
Bett	Seng
Bücherregal	Reol
Couch	Sofa
Futon	Futon
Hängematte	Hængekøje
Kissen	Pude
Kommode	Kommode
Lampe	Lampe
Matratze	Madras
Regal	Hylder
Schrank	Armoire
Schreibtisch	Skrivebord
Sessel	Lænestol
Spiegel	Spejl
Stuhl	Stol
Teppich	Tæppe
Vorhang	Gardiner

Musikinstrumente
Musikinstrumenter

Banjo	Banjo
Cello	Cello
Fagott	Fagot
Flöte	Fløjte
Geige	Violin
Gitarre	Guitar
Gong	Gong
Harfe	Harpe
Klarinette	Klarinet
Klavier	Klaver
Mandoline	Mandolin
Marimba	Marimba
Mundharmonika	Harmonika
Oboe	Obo
Posaune	Basun
Saxophon	Saxofon
Schlagzeug	Perkussion
Tamburin	Tamburin
Trommel	Tromme
Trompete	Trompet

Mythologie
Mytologi

Archetyp	Arketype
Blitz	Lyn
Donner	Torden
Eifersucht	Jalousi
Held	Helt
Katastrophe	Katastrofe
Kreation	Skabelse
Kreatur	Væsen
Krieger	Kriger
Kultur	Kultur
Labyrinth	Labyrint
Legende	Sagn
Magisch	Magisk
Monster	Uhyre
Rache	Hævn
Stärke	Styrke
Sterblich	Dødelig
Triumphierend	Triumferende
Unsterblichkeit	Udødelighed
Verhalten	Adfærd

Natur
Natur

Arktis	Arktisk
Berge	Bjerge
Bienen	Bier
Dynamisch	Dynamisk
Erosion	Erosion
Fluss	Flod
Friedlich	Fredelig
Gletscher	Gletsjer
Heiter	Fredfyldte
Laub	Løv
Lebenswichtig	Afgørende
Nebel	Tåge
Schönheit	Skønhed
Tiere	Dyr
Tropisch	Tropisk
Wald	Skov
Wild	Vild
Wolken	Skyer
Wüste	Ørken

Obst
Frugt

Ananas	Ananas
Apfel	Æble
Aprikose	Abrikos
Avocado	Avocado
Banane	Banan
Beere	Bær
Birne	Pære
Brombeere	Brombær
Himbeere	Hindbær
Kirsche	Kirsebær
Kiwi	Kiwi
Kokosnuss	Kokosnød
Melone	Melon
Nektarine	Nektarin
Orange	Orange
Papaya	Papaya
Pfirsich	Fersken
Pflaume	Blomme
Traube	Drue
Zitrone	Citron

Ozean
Ocean

Aal	Ål
Auster	Østers
Boot	Båd
Delfin	Delfin
Fisch	Fisk
Garnele	Reje
Gezeiten	Tidevand
Hai	Haj
Koralle	Koral
Krabbe	Krabbe
Krake	Blæksprutte
Qualle	Vandmand
Riff	Rev
Salz	Salt
Schildkröte	Skildpadde
Schwamm	Svamp
Sturm	Storm
Thunfisch	Tun
Wal	Hval
Wellen	Bølger

Ökologie
Økologi

Art	Art
Berge	Bjerge
Dürre	Tørke
Fauna	Fauna
Flora	Flora
Freiwillige	Frivillige
Gemeinschaft	Fællesskaber
Global	Global
Klima	Klima
Lebensraum	Habitat
Marine	Marine
Nachhaltig	Bæredygtig
Natur	Natur
Natürlich	Naturlig
Pflanzen	Planter
Ressourcen	Ressourcer
Sumpf	Mose
Überleben	Overlevelse
Vegetation	Vegetation
Vielfalt	Mangfoldighed

Pflanzen
Planter

Bambus	Bambus
Baum	Træ
Beere	Bær
Blume	Blomst
Blütenblatt	Kronblad
Bohne	Bønne
Botanik	Botanik
Busch	Busk
Dünger	Gødning
Efeu	Vedbend
Flora	Flora
Garten	Have
Gras	Græs
Kaktus	Kaktus
Kraut	Urt
Laub	Løv
Moos	Mos
Vegetation	Vegetation
Wald	Skov
Wurzel	Rod

Piraten
Pirater

Abenteuer	Eventyr
Anker	Anker
Crew	Mandskab
Flagge	Flag
Gefahr	Fare
Gold	Guld
Höhle	Hule
Insel	Ø
Kapitän	Kaptajn
Karte	Kort
Kompass	Kompas
Legende	Sagn
Münzen	Mønter
Narbe	Ar
Papagei	Papegøje
Rum	Rom
Schatz	Skat
Schlecht	Dårlig
Schwert	Sværd
Strand	Strand

Restaurant #1
Restaurant #1

Allergie	Allergi
Brot	Brød
Dessert	Dessert
Essen	Mad
Fleisch	Kød
Huhn	Kylling
Kaffee	Kaffe
Kassierer	Kasserer
Kellnerin	Servitrice
Küche	Køkken
Menü	Menu
Messer	Kniv
Reservierung	Reservation
Schüssel	Skål
Serviette	Serviet
Sosse	Sauce
Teller	Plade
Würzig	Krydret

Restaurant #2
Restaurant #2

Abendessen	Middag
Eier	Æg
Eis	Is
Fisch	Fisk
Frucht	Frugt
Gabel	Gaffel
Gemüse	Grøntsager
Getränk	Drik
Gewürze	Krydderier
Kellner	Tjeneren
Köstlich	Lækker
Kuchen	Kage
Löffel	Ske
Mittagessen	Frokost
Nudeln	Nudler
Salat	Salat
Salz	Salt
Stuhl	Stol
Suppe	Suppe
Wasser	Vand

Säugetiere
Pattedyr

Affe	Abe
Bär	Bære
Biber	Bæver
Elefant	Elefant
Fuchs	Ræv
Giraffe	Giraf
Gorilla	Gorilla
Hund	Hund
Känguru	Kænguru
Kojote	Prærieulv
Löwe	Løve
Panther	Panter
Pferd	Hest
Ratte	Rotte
Schaf	Får
Stier	Tyr
Tiger	Tiger
Wal	Hval
Wolf	Ulv
Zebra	Zebra

Schach
Skak

Champion	Champion
Diagonal	Diagonal
Gegner	Modstander
König	Konge
Königin	Dronning
Opfer	Ofre
Passiv	Passiv
Regeln	Regler
Schwarz	Sort
Spiel	Spil
Spieler	Spiller
Strategie	Strategi
Turnier	Turnering
Weiss	Hvid
Wettbewerb	Konkurrence
Zeit	Tid

Schlösser
Slotte

Drache	Drage
Dynastie	Dynasti
Edel	Ædel
Einhorn	Enhjørning
Festung	Fæstning
Feudal	Feudal
Katapult	Katapult
Königreich	Kongerige
Krone	Krone
Palast	Palads
Pferd	Hest
Prinz	Prins
Prinzessin	Prinsesse
Reich	Imperium
Ritter	Ridder
Rüstung	Rustning
Schild	Skjold
Schwert	Sværd
Turm	Tårn
Wand	Væg

Schokolade
Chokolade

Antioxidans	Antioxidant
Aroma	Aroma
Bitter	Bitter
Erdnüsse	Jordnødder
Exotisch	Eksotisk
Favorit	Favorit
Geschmack	Smag
Kakao	Cacao
Kalorien	Kalorier
Karamell	Karamel
Kokosnuss	Kokosnød
Köstlich	Lækker
Pulver	Pulver
Qualität	Kvalitet
Rezept	Opskrift
Süss	Sød
Verlangen	Trang
Zucker	Sukker
Zutat	Ingrediens

Schule #1
Skole #1

Alphabet	Alfabet
Antworten	Svar
Bibliothek	Bibliotek
Bleistift	Blyant
Bücher	Bøger
Freunde	Venner
Klassenzimmer	Klasseværelse
Lehrer	Lærer
Mathematik	Matematik
Mittagessen	Frokost
Ordner	Mapper
Papier	Papir
Prüfungen	Eksamen
Quiz	Quiz
Schreibtisch	Skrivebord
Spass	Sjov
Stifte	Penne
Stuhl	Stol

Schule #2
Skole #2

Bibliothek	Bibliotek
Bildung	Uddannelse
Bleistift	Blyant
Bus	Bus
Bücher	Bøger
Computer	Computer
Grammatik	Grammatik
Kalender	Kalender
Lehrer	Lærer
Lernen	Læring
Lesen	Læsning
Literatur	Litteratur
Papier	Papir
Radiergummi	Viskelæder
Rucksack	Rygsæk
Schere	Saks
Stifte	Penne
Wissenschaft	Videnskab
Wochenende	Weekender
Wörterbuch	Ordbog

Science Fiction
Science Fiction

Bücher	Bøger
Dystopie	Dystopi
Explosion	Eksplosion
Extrem	Ekstrem
Fantastisch	Fantastisk
Feuer	Brand
Futuristisch	Futuristisk
Galaxie	Galakse
Geheimnisvoll	Mystisk
Illusion	Illusion
Imaginär	Imaginær
Kino	Biograf
Orakel	Oracle
Planet	Planet
Realistisch	Realistisk
Roboter	Robotter
Szenario	Scenarie
Technologie	Teknologi
Utopie	Utopi
Welt	Verden

Sommer
Sommer

Bücher	Bøger
Camping	Camping
Entspannung	Afslapning
Erinnerungen	Minder
Essen	Mad
Familie	Familie
Freizeit	Fritid
Freude	Glæde
Freunde	Venner
Garten	Have
Meer	Hav
Musik	Musik
Reise	Rejse
Sandalen	Sandaler
Spiele	Spil
Sterne	Stjerner
Strand	Strand
Tauchen	Dykning
Urlaub	Ferie

Spielzeuge
Legetøj

Auto	Bil
Ball	Bold
Boot	Båd
Bücher	Bøger
Drachen	Drage
Fahrrad	Cykel
Favorit	Favorit
Flugzeug	Fly
Kunsthandwerk	Håndværk
Lkw	Lastbil
Phantasie	Fantasi
Puppe	Dukke
Puzzle	Puslespil
Roboter	Robot
Schach	Skak
Schlagzeug	Trommer
Spiele	Spil
Ton	Ler
Zug	Tog

Sport
Sport

Athlet	Atlet
Baseball	Baseball
Basketball	Basketball
Bewegung	Bevægelse
Eishockey	Hockey
Fahrrad	Cykel
Gewinner	Vinder
Golf	Golf
Gymnasium	Gymnasium
Gymnastik	Gymnastik
Mannschaft	Hold
Meisterschaft	Mesterskab
Schiedsrichter	Dommer
Spiel	Spil
Spieler	Spiller
Stadion	Stadion
Tennis	Tennis
Trainer	Træner

Stadt
By

Apotheke	Apotek
Bank	Bank
Bäckerei	Bageri
Bibliothek	Bibliotek
Buchhandlung	Boghandel
Flughafen	Lufthavn
Galerie	Galleri
Hotel	Hotel
Kino	Biograf
Klinik	Klinik
Markt	Marked
Museum	Museum
Restaurant	Restaurant
Salon	Salon
Schule	Skole
Stadion	Stadion
Supermarkt	Supermarked
Theater	Teater
Universität	Universitet
Zoo	Zoo

Strand
Strand

Blau	Blå
Boot	Båd
Dock	Dock
Handtuch	Håndklæde
Insel	Ø
Krabbe	Krabbe
Küste	Kyst
Lagune	Lagune
Meer	Hav
Ozean	Ocean
Regenschirm	Paraply
Riff	Rev
Sand	Sand
Sandalen	Sandaler
Segelboot	Sejlbåd
Sonne	Sol
Urlaub	Ferie

Surfen
Surfing

Anfänger	Begynder
Athlet	Atlet
Beliebt	Populær
Champion	Champion
Extrem	Ekstrem
Geschwindigkeit	Hastighed
Magen	Mave
Ozean	Ocean
Paddel	Padle
Riff	Rev
Schaum	Skum
Spass	Sjov
Spray	Spray
Stärke	Styrke
Stil	Stil
Strand	Strand
Welle	Bølge
Wetter	Vejr

Tage und Monate
Dage og Måneder

August	August
Dezember	December
Dienstag	Tirsdag
Donnerstag	Torsdag
Februar	Februar
Freitag	Fredag
Jahr	År
Januar	Januar
Juli	Juli
Juni	Juni
Kalender	Kalender
Mittwoch	Onsdag
Monat	Måned
Montag	Mandag
November	November
Oktober	Oktober
Samstag	Lørdag
September	September
Sonntag	Søndag
Woche	Uge

Tanzen
Dans

Akademie	Akademi
Anmut	Nåde
Ausdrucksvoll	Udtryksfulde
Bewegung	Bevægelse
Choreographie	Koreografi
Emotion	Følelse
Freudig	Glædelig
Klassisch	Klassisk
Körper	Legeme
Kultur	Kultur
Kulturell	Kulturel
Kunst	Kunst
Musik	Musik
Partner	Partner
Probe	Generalprøve
Rhythmus	Rytme
Springen	Hoppe
Traditionell	Traditionel
Visuell	Visuel

Technologie
Teknologi

Bildschirm	Skærm
Blog	Blog
Browser	Browser
Bytes	Bytes
Computer	Computer
Cursor	Markør
Datei	Fil
Daten	Data
Digital	Digital
Forschung	Forskning
Internet	Internet
Kamera	Kamera
Nachricht	Besked
Schriftart	Font
Sicherheit	Sikkerhed
Software	Software
Statistik	Statistik
Virtuell	Virtuel
Virus	Virus

Tugenden #1
Dyder #1

Bescheiden	Beskeden
Charmant	Charmerende
Effizient	Effektiv
Entscheidend	Afgørende
Geduldig	Patient
Grosszügig	Generøs
Gut	Godt
Hilfreich	Nyttig
Intelligent	Intelligent
Komisch	Sjov
Künstlerisch	Kunstnerisk
Leidenschaftlich	Lidenskabelig
Neugierig	Nysgerrig
Praktisch	Praktisk
Sauber	Ren
Unabhängig	Uafhængig
Weise	Klog
Zuverlässig	Pålidelig
Zuversichtlich	Sikker

Urlaub #2
Ferie #2

Ausländer	Udlænding
Ausländisch	Udenlandsk
Camping	Camping
Flughafen	Lufthavn
Freizeit	Fritid
Hotel	Hotel
Insel	Ø
Karte	Kort
Meer	Hav
Pass	Pas
Reise	Rejse
Restaurant	Restaurant
Strand	Strand
Taxi	Taxa
Transport	Transport
Urlaub	Ferie
Visum	Visum
Zelt	Telt
Ziel	Destination
Zug	Tog

Vögel
Fugle

Adler	Ørn
Ei	Æg
Ente	And
Eule	Ugle
Flamingo	Flamingo
Gans	Gås
Huhn	Kylling
Krähe	Krage
Kuckuck	Gøg
Möwe	Måge
Papagei	Papegøje
Pelikan	Pelikan
Pfau	Påfugl
Pinguin	Pingvin
Rabe	Ravn
Reiher	Hejre
Schwan	Svane
Spatz	Spurv
Storch	Stork
Taube	Due

Wandern
Vandreture

Berg	Bjerg
Camping	Camping
Gefahren	Farer
Gipfel	Topmøde
Karte	Kort
Klima	Klima
Klippe	Klint
Müde	Træt
Natur	Natur
Orientierung	Orientering
Parks	Parker
Schwer	Tung
Sonne	Sol
Steine	Sten
Stiefel	Støvler
Tiere	Dyr
Vorbereitung	Forberedelse
Wasser	Vand
Wetter	Vejr
Wild	Vild

Wasser
Vand

Bewässerung	Kunstvanding
Dampf	Damp
Dusche	Bruser
Eis	Is
Feucht	Fugtig
Feuchtigkeit	Fugt
Fluss	Flod
Flut	Oversvømmelse
Frost	Frost
Geysir	Gejser
Hurrikan	Orkan
Kanal	Kanal
Monsun	Monsun
Ozean	Ocean
Regen	Regn
Schnee	Sne
See	Sø
Verdunstung	Fordampning
Wellen	Bølger

Wetter
Vejret

Atmosphäre	Atmosfære
Blitz	Lyn
Brise	Brise
Donner	Torden
Dürre	Tørke
Eis	Is
Himmel	Himmel
Hurrikan	Orkan
Klima	Klima
Monsun	Monsun
Nebel	Tåge
Polar	Polar
Regenbogen	Regnbue
Sturm	Storm
Temperatur	Temperatur
Tornado	Tornado
Trocken	Tør
Tropisch	Tropisk
Wind	Vind
Wolke	Sky

Wissenschaft
Videnskab

Atom	Atom
Chemisch	Kemisk
Daten	Data
Evolution	Udvikling
Experiment	Eksperiment
Fossil	Fossil
Hypothese	Hypotese
Klima	Klima
Labor	Laboratorium
Methode	Metode
Mineralien	Mineraler
Moleküle	Molekyler
Natur	Natur
Organismus	Organisme
Partikel	Partikler
Pflanzen	Planter
Physik	Fysik
Schwerkraft	Tyngdekraft
Tatsache	Faktum

Wissenschaftliche Disziplinen
Videnskabelige Disciplin

Anatomie	Anatomi
Archäologie	Arkæologi
Astronomie	Astronomi
Biochemie	Biokemi
Biologie	Biologi
Botanik	Botanik
Chemie	Kemi
Geologie	Geologi
Immunologie	Immunologi
Kinesiologie	Kinesiologi
Linguistik	Lingvistik
Mechanik	Mekanik
Mineralogie	Mineralogi
Neurologie	Neurologi
Ökologie	Økologi
Physiologie	Fysiologi
Psychologie	Psykologi
Soziologie	Sociologi
Thermodynamik	Termodynamik
Zoologie	Zoologi

Zahlen
Tal

Acht	Otte
Achtzehn	Atten
Dezimal	Decimal
Drei	Tre
Dreizehn	Tretten
Fünf	Fem
Fünfzehn	Femten
Neun	Ni
Neunzehn	Nitten
Null	Nul
Sechs	Seks
Sechzehn	Seksten
Sieben	Syv
Siebzehn	Sytten
Vier	Fire
Vierzehn	Fjorten
Zehn	Ti
Zwanzig	Tyve
Zwei	To
Zwölf	Tolv

Zeit
Tid

Gestern	I Går
Heute	I Dag
Jahr	År
Jahrhundert	Århundrede
Jahrzehnt	Årti
Jährlich	Årlig
Jetzt	Nu
Kalender	Kalender
Minute	Minut
Mittag	Middag
Monat	Måned
Morgen	Morgen
Nach	Efter
Nacht	Nat
Stunde	Time
Tag	Dag
Uhr	Ur
Vor	Før
Woche	Uge
Zukunft	Fremtid

Zirkus
Cirkus

Affe	Abe
Akrobat	Akrobat
Ballons	Balloner
Clown	Klovn
Elefant	Elefant
Fahrkarte	Billet
Jongleur	Jonglør
Kostüm	Kostume
Löwe	Løve
Magie	Magi
Musik	Musik
Parade	Parade
Spektakulär	Spektakulær
Tiere	Dyr
Tiger	Tiger
Trick	Trick
Unterhalten	Underholde
Zeigen	Vise
Zelt	Telt
Zuschauer	Tilskuer

Zu Füllen
For at Udfylde

Becken	Bassin
Box	Boks
Eimer	Spand
Fass	Tønde
Flasche	Flaske
Karton	Karton
Kiste	Kasse
Koffer	Kuffert
Korb	Kurv
Krug	Krukke
Mappe	Folder
Paket	Pakke
Rohr	Rør
Schublade	Skuffe
Tablett	Bakke
Tasche	Lomme
Umschlag	Kuvert
Vase	Vase

Gratuliere

Sie haben es geschafft !!

Wir hoffen, dass euch dieses Buch genauso viel Spaß gemacht hat wie uns dessen Herstellung. Wir tun unser Bestes, um qualitativ hochwertige Spiele zu erfinden. Diese Rätsel sind auf eine clevere Art und Weise entworfen, damit sie aktiv lernen und daran Vergnügen finden.

Hat ihnen das Buch gefallen ?

Eine einfache Bitte

Unsere Bücher existieren dank der Rezensionen, die sie veröffentlichen. Können sie uns helfen indem sie jetzt eine Meinung hinterlassen ?

Hier ist ein kurzer Link, der Sie zu ihrer Bewertungsseite führt

BestBooksActivity.com/Rezension50

MONSTER HERAUSFÖRDERUNGEN !

Herausförderung 1

Bereit für ihr Bonusspiel? Wir verwenden sie ständig, aber sie sind nicht einfach zu finden. Es sind die **Synonyme** !

Notieren sie 5 Wörter, die sie in den untenstehenden Rätseln (Nummer 21, 36 und 76) entdeckt haben und versuchen sie für jedes Wort 2 Synonyme zu finden .

Notieren sie 5 Wörter aus **Rätsel 21**

Wörter	Synonym 1	Synonym 2

Notieren sie 5 Wörter aus **Rätsel 36**

Wörter	Synonym 1	Synonym 2

Notieren sie 5 Wörter aus **Rätsel 76**

Wörter	Synonym 1	Synonym 2

Herausförderung 2

Jetzt, wo sie warm sind, notieren sie 5 Wörter, die sie in jedem der untenaufgeführten Rätseln entdeckt haben (Nummer 9, 17 und 25) und versuchen sie für jedes Wort 2 Antonyme zu finden. Wie viele davon können sie binnen 20 Minuten finden ?

Notieren sie 5 Wörter aus **Rätsel 9**

Wörter	Antonym 1	Antonym 2

Notieren sie 5 Wörter aus **Rätsel 17**

Wörter	Antonym 1	Antonym 2

Notieren sie 5 Wörter aus **Rätsel 25**

Wörter	Antonym 1	Antonym 2

Herausförderung 3

Wunderbar, diese Monster Herausförderung 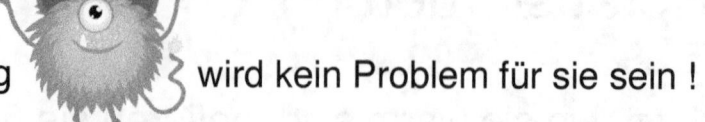 wird kein Problem für sie sein !

Bereit für die letzte Herausförderung? Wählen sie ihre 10 Lieblingswörter aus, die sie in einem Rätsel entdeckt haben und notieren sie sie unten.

1.	6.
2.	7.
3.	8.
4.	9.
5.	10.

Die Aufgabe besteht nun darin mit diesen Wörtern und in maximal sechs Sätzen einen Text herzustellen über eine Person, ein Tier oder ein Ort den sie lieben !

Tipp : sie können die letzten leeren Seiten dieses Buches als Entwurf verwenden

Ihr Schreiben :

NOTIZBUCH :

AUF BALDIGES WIEDERSEHEN !

Linguas Classics

KOSTENLOSE SPIELE GENIESSEN

GO

↓

BESTACTIVITYBOOKS.COM/FREEGAMES